本书由内蒙古师范大学学术著作出版基金资助出版

魏霞◎著

皇城根的三个世界

中国社会科学出版社

图书在版编目(CIP)数据

皇城根的三个世界/魏霞著.—北京:中国社会科学出版社,
2016.4

ISBN 978-7-5161-7429-6

Ⅰ.①皇… Ⅱ.①魏… Ⅲ.①胡同—社会人类学—研究—
北京市 Ⅳ.①C912.4

中国版本图书馆 CIP 数据核字(2015)第 309474 号

出 版 人 赵剑英
责任编辑 赵 丽
责任校对 董晓月
责任印制 王 超

出 版 中国社会科学出版社
社 址 北京鼓楼西大街甲 158 号
邮 编 100720
网 址 http://www.csspw.cn
发 行 部 010-84083685
门 市 部 010-84029450
经 销 新华书店及其他书店

印 刷 北京金瀑印刷有限责任公司
装 订 廊坊市广阳区广增装订厂
版 次 2016 年 4 月第 1 版
印 次 2016 年 4 月第 1 次印刷

开 本 710×1000 1/16
印 张 10
插 页 2
字 数 160 千字
定 价 39.00 元

它要倒塌，就随它自己倒塌去；它一日不倒塌，我一日尊重它的生存权。

——朱光潜《慈慧殿三号》

前　言

本书以胡同功能的变化和居住人口成分的变化为主线，描述经济变迁背景下胡同的社会文化变迁，是一项以北京胡同为田野研究地点的社会人类学研究。

北京的胡同四合院作为传统的居住格局在日新月异的城市建设中正快速地从人们的视野中消退，现存的胡同多数被开发为旅游景点，胡同四合院成为人类动物园（human zoo），生活于其中的居民亦在导游们对历史的讲述和对现状的评说中成为游客们参观的对象。书中描述的胡同社区位于皇城以里，因居住环境的特殊，胡同居民的命运在历史沿革中更紧密地被各种变迁所牵制。目前多数生活在胡同的家庭居住空间狭小，生活贫困，单身人口多，比起不断进入胡同的外国人和外地人，他们并没有显著的地域优势。然而，特殊的历史文化，地理环境和首都居民身份的福利保障滋养了他们特殊的优越感。老胡同居民依然有关于皇城根儿的想象，对自己作为北京人的身份，拥有的房产以及房产可能带来的经济效益充满幻觉，但这种幻觉在残酷的现实面前又往往化为泡沫。胡同居民越来越难以改变他们所赖以生活的物质文化，在强大的变革潮流中，他们任凭摆布，如被狂风拨弄着的芦苇。在对物质文化无能为力的同时，胡同居民的精神文化也日益分崩离析。这种状态下，社区也时过境迁，它只是原有居民在固有的物质空间下青苔附石般的残存，剧烈的城市化的力量几乎将它彻底吞噬。

本书在内容甄选上略古详今。在旧城改造的过程中，北京市以保护文化遗产的名义保留下一些老城区。在保护上，强调了胡同的建筑与文化意义，其生活价值却遭偏废。目前，胡同的建筑、居住格局和被渲染的历史文化氛围吸引了外国人的入住，临时搭建起的棚户房以其优越的地理位置和低廉的租金又吸引了大量外地人的涌入。同时，蓬勃发展的房产经济催生了一些胡同贵族。但是，与外国人、外地人的进入和胡同贵族兴起相对应的是老胡同居民的衰退，在更大意义上也说明北京从封建消费城市，变更为国际化大都市。胡同社区的变迁是中国城市化图景的一个侧面，从单线进化的视角来看社区，它将不可避免地走向衰退。

目前，一些社会学、人类学的研究者对城市化进程中城乡结合部的“城中村”进行了深入的研究，但是，对成片地保留下来的老城区社区的关注还比较少见。本书将从以下几个方面展开：

一、城市研究的背景，胡同社区的基本状况，从北京史、北京人的生活，城市化以及社会分层等几个方面展开研究综述。

二、胡同居民的生活。房子对胡同居民的意义，以及对家庭关系的影响。房子对于老人，是其养老的重要资本；对年轻人，是婚姻的资本；因为房子，胡同里家庭关系破裂，单身人数膨胀，家庭继替停滞。此外，受年龄，教育等因素的制约，胡同居民大量失业或者从事低收入，高劳动强度的工作。尽管如此，他们依然对自己北京人的身份和既有的房产寄予希望，北京市的居民身份能给他们带来一定的福利保障，同时，他们将房子，无论大小，视为改变命运和生活状态的重要资本，胡同里的居民，既害怕拆迁，又在等待拆迁。

三、胡同维持的机制。国家权力是对社区秩序的保证，比如皇城文化的保护，福利政策的保障等都是胡同得以维持的政治保障。另外，能够提供廉价服务，低劳动报酬，并为胡同居民提供房租的外地人的进入，是胡同维持的另一保障。

四、被围攻的胡同居民。因地理位置的特殊性，胡同里有部分领导人的住宅。居住在胡同里的领导干部成了特殊的胡同居民，但他们和普通的胡同居民并不发生互动。另外，北京，尤其是四合院房价的上扬使一些早期投资胡同房产的人成为胡同新贵，他们与胡同居民形成一定的对比。此外，胡同作为皇城文化保护的一部分，在外国人眼里是老北京的标志物之一。因此，不断有外国游客参观胡同，并有外国人入住胡同，体验胡同文化。这些特殊居民，胡同新贵和外国人占有了胡同的大部分资源，胡同居民处于被围困的状态。

五、社区死亡学与社区再生学。胡同作为传统社区，正在经历着衰落和死亡之痛。社区的死亡大致有几种，如空间的消失、老居民的衰退和移民的替代，这些现象正在胡同发生。而社区的重建或再生是扼制社区死亡的重要途径。菊儿胡同的改造就是早期社区再生的重要实验。

本书以《皇城根的三个世界》为名，描述皇城根下胡同里老居民的世界，外地人的世界，胡同贵族和外国人的世界。在这个既定的格局里，老居民衰落，外地人奋斗，贵族兴起。他们过着有交集，又没有交集的生活，老胡同居民，就像被推到最前面的海浪，永远看不到后面是谁，直到融入大海。

目　　录

第一章　导论

第一节　研究背景

关于北京的胡同，有很多优美的故事和文字，笔者以朱光潜先生的《慈慧殿3号》为印象最深。先生对他居住的清末的老院子，用了下面的文字描述：

> 煤栈，车房，破落户的旗人，北平的本地风光算是应有尽有了……精明强干的车夫演说时事或故事。虽无瓜架豆棚，却是乡村式的太平岁月……二道门四合房子的“大爷”偶尔拿一部宋拓圣教序或是一块端砚来向我换一点烟资，他们的小姐们每年照例到我的园子里来两次，春天来摘一次丁香花，秋天来打一次枣子。百年以上的老树到处都可爱……柏树确实是大，而且一走进隔墙门就是它，它的浓阴布满了一个小院子，还分润到三间厢房。①

朱先生优美的笔触不但概括出四合院美的意蕴，也让人看到北平辉煌繁盛的过去和作为旧日古都在20世纪30年代的破落和衰败。几十年后一个下午，笔者在朋友的引领下，突兀地进入朱

---

① 朱光潜：《慈慧殿3号》，载商金林《朱光潜作品新编》，花城出版社2009年版，第1—3页。

光潜先生的故居——现在的慈慧胡同9号。大门的“破烂污秽”与朱先生的描述相似，但替代先生笔下房东看门的捧着长烟杆的老太婆的是门口光膀子的“膀爷”。走进去，没有枣树、丁香，看不出煤栈、车房。如果不注意，甚至发现不了它曾经有两道门，院子里的房子满满扎扎，只要有一点空地都会挤着破旧的玩具、家私、自行车或者三轮车，晾晒着的被褥和不小心会碰到的悬挂在头顶的鸟笼。这般景象，即使朱光潜先生魂游故地，也不会再配上“清晨入古寺，初日照高林，曲径通幽处，禅房花木深”① 的佳句。胡同依旧幽静，但院落是破败的。外围红色的、典雅的，厚厚的高墙，显示着威严，让人望而生畏，或许可以遮掩些里面的破败。

“大杂院”并不是个生词，朱先生居住的院子在他笔下就已然是个杂院，但杂而有序，未见着乱。作为外地人，第一次觉得自己触摸到了北京人的生活，甚至有点窃喜，在我们奋斗着的这座城市里自我感觉优越的主人，竟然在这样的环境中生活着，尽管后来还是有些责怪自己的小肚鸡肠。学科背景使然，还是决定研究在如此杂乱、个人空间狭小的环境中普通北京居民的日常生活。本书中，笔者将展现掩饰在宏伟的历史和绚烂的建筑文化下胡同百姓的日常生活。他们生活在北京城的内城，紧靠皇城，毗连皇城根遗址公园，那里的居民算得上是典型的皇城根儿。在历史的变迁中，他们的命运因特殊的居住环境而比一般人更紧密地被各种变迁牵制着。

有学者把社会比喻成一个盛水的容器，文化是水，人就是水中的鱼。② 在这个社会变迁，文化交融的时代，生活在其中的人或越有希望，或越有可能被排挤到希望的另一头。正像该学

---

① 朱光潜：《慈慧殿3号》，载商金林《朱光潜作品新编》，花城出版社2009年版，第1—3页。

② 徐平：《羌村社会》，中国社会科学出版社1993年版，第2页。

者所说的“许多时候，我们只能是急流中的小木屑，身不由己地顺流漂荡”。笔者希望通过本书反映经历过和正在经历急速变迁的胡同居民的生活，如果对变迁无力的接受也算适应的话，那么胡同居民也在努力地适应着。潘光旦先生用儒家的中心思想的“位育”两字翻译英文的“adoption”，即“适应”，意思是指人和自然的相互迁就以达到生活的目的①，胡同居民的生活方式亦是这个特殊的团体对其处境的“位育”。

第二节　关于胡同

胡同作为传统的人居环境，过往关于它的研究从社会学，社会人类学和民族学角度出发，以研究社会结构为目的的研究还比较少，而从历史学、建筑学、美学角度出发的研究较多。目前关于胡同的研究大体分为三个方面，即历史、空间和生活方式的研究。

一　北京史及胡同

胡同作为的传统居住格局之一，其建筑形式由来已久。“胡同”一词的使用始见于元朝，是小街巷的称呼，南方叫巷，北方叫胡同。② 侯仁之从地理学、历史学和建筑学的角度，描述了胡同的产生、布局规划及其原因等。③ 北京自元朝元大都规划出现完整的胡同，明、清有所扩充，直到新中国成立前基本没有大的变动。元大都延续的城市规划称为内城，约 40 平方公里。新中

① 费孝通：《中国社会变迁中的文化结症》，《费孝通文集》（4），群言出版社 1998 年版，第 301 页。

② 张清常：《释胡同》，《张清常语言学论文集》，商务印书馆 1993 年版，第 378 页。

③ 侯仁之：《北京城的生命印记》，生活·读书·新知三联书店 2009 年版，第 174—175 页。

国成立初期，关于如何利用旧北京城的问题，当时有两种不同意见。苏联专家和部分中国专家提出利用并改造旧城，其理由一是把名扬世界的北京旧城作为行政中心，增强首都的重要性；二是利用原有设备，经济省钱。而以梁思成为代表的古城建筑保护派坚持“旧城为上”的理论，他们主张把北京的中轴线从故宫西移至三里河一带，作为新的行政中心。认为爱护文物建筑，不应该保护个别的一殿、一堂、一塔，而且必须爱护它的周围整体和邻近环境。[①] 但是，梁思成的想法和方案并没有得到采纳。[②]

二　北京人的生活

有关北京人生活的描述很多，首先是文学家笔下的描述，如老舍的《四世同堂》、《茶馆》和林语堂的《京华烟云》等，这些小说一般是从家庭或者社会某一侧面出发，反映社会整体的大变革，在小说关于家庭的描述中，体现北京人的家庭观念、家庭秩序和生活态度。

以职业为区隔对北京人进行调查的著作与论文有李景汉的《北京人力车夫现状的调查》，其反映了北京底层老百姓的基本职业构成、生活水平以及人力车夫的社会地位和家庭状况，同时也反映出人力车夫对整个社会秩序的影响。[③] 除对人力车夫的社会调查外，他们的生活在文学作品中也有所反映。如老舍的《骆驼祥子》、林语堂的《迷人的北京》都描写过北京人力车夫的悲苦生活，林语堂说：“北平最大的动人处是平民，决不是圣哲的学者或大学教授，而是拉洋车的苦力。”[④] 另外，规模庞大的北京

① 参见梁思成《都市计划的无比杰作》，《梁思成文集》（四），建工出版社1984年版。

② 梁思成：《致周总理信——关于长安街规划问题》，载《梁思成文集》（四），中国建筑工业出版社1986年9月第1版。

③ 李景汉：《北京人力车夫现状的调查》，《社会学杂志》1925年第2卷第4期。

④ 林语堂：《迷人的北平》，载姜德明《北京乎》，生活·读书·新知三联书店1992年版，第515页。

人力车夫也引起一些早期共产党领导人的关注，如李大钊的《可怜的人力车夫》就认为人力车夫职业的存在于“理”“最背乎人道主义”，于“利”则“讥于经济原理”。陈独秀则认为是“通国钱财，都归到这班文武官和他们子孙手里”，而不是人力车夫“懒惰，没有能力”。①

对北京人的生活进行总体性描述的，有不同时期学者对关于北京人生活的调查和记载。如根据1927—1929年的调查材料，当时北京的手工业者、木匠、人力车夫等，每个家庭每年消费约200元，每月17元左右，这是社会下层的水准。而20世纪20年代北京4口之家，每月12元伙食费，足可维持小康水平。在北京较为有钱的知识阶层，全家每月必须的生活费（伙食、房租、交通费）80元已经很宽裕了，教授、讲师们的收入，普遍在200元以上，甚至可达400元。当时北京城内一座8—10间房的四合院，房租每月仅20元左右；一间20平方米的单身宿舍，月租金4—5元。出入乘坐“洋车”人力车，费用在城里每次只有1角钱左右；包车每月10元。② 2014年，北京市城镇居民家庭人均消费性支出28009元，低收入户16744元，按三口之家计算，如今下层的水准为每年户均消费5万元。而维持中高收入，户均消费约为9万元③。即如今的消费水平，要达到20世纪20、30年代的中等收入水平，需放大约250倍。

住房一直是北京人生活中的重要组成部分，根据1949年年初统计，北京市共有房屋面积2050万平方米，人均居住面积4.75平方米。“文化大革命”初期，有相当一部分城市居民被遣送到农村，一批干部、知识分子的房屋被强行挤占。1968年以后，城镇的大批青年学生“上山下乡”离开了北京的原居住地，

---

① 刘汉阳：《人力车夫与五四运动》，《广闻博览》2007年第5期。

② 陈明远：《20年代北京人的生活水平》，《民间拾遗》2003年第4期。

③ 《北京统计年鉴2015》，www. bjstats. gov. cn/nj/main/2015-tjnj/indexch. htm 2015年12月14日。

客观上缓解了城市居民的住房要求。因此，北京在新建住宅很少的情况下，1969 年人均居住面积一下子从 1967 年的 3.88 平方米增加到 4.32 平方米。① 然而，大杂院膨胀的刺激因素始终还是人均住房紧张。1971 年以后，北京城市人口在不断增长的同时，原来因各种原因离京的人员开始陆续返回北京，三代同居一室的情况占了一定比重。到 1976 年因为大地震，北京市大规模地搭建地震棚，胡同居民又进一步见缝插针，使地震棚更主要地担负起居住的功能。据调查，这时北京城市普通居民的四合院住宅已经全部成了大杂院。②

20 世纪 80 年代北京人的生活节奏明显变快。过去那种“工作不像工作，休息不像休息”的状况正在改变，其时北京市新建住宅面积相当于新中国成立以来所建住宅面积的一半，等于一个旧北京城。③

中国社会科学院社会学研究所 1995 年做的北京 1920 人的随机抽样详细调查了北京人当时的生活状况，调查发现仅 3.6% 的北京人从事第二职业，且大多是离退休人员。学历对北京人的职业有一定影响，90% 多高中以上学历者都有一份稳定的工作（工作能持续一年以上者），但小学文化程度者中有稳定工作的仅 65%，文盲者中有稳定工作的比例更低，仅 39.3%。在婚姻方面，一半以上的北京人由恋爱而成婚，年龄和教育水平影响着人们的择偶方式：年纪越大、文化水平越低者，包办婚姻所占比例就越高。和北京的消费水平相比，北京人的总体收入不高，中低收入者约占 87%。④

---

① 北京市统计局：《北京四十年——社会经济统计资料》，中国统计出版社 1990 年版，第 531 页。

② 谭烈飞：《解放后北京城市住宅的规划与建设》，《当代中国史研究》2002 年第 6 期。

③ 诸晓：《观察点，调察力及其他——读〈北京人生活节奏变快了〉》，《新闻记者》1985 年第 1 期。

④ 王震宇：《北京人的生活状况》，《中国妇女报》1995 年 1 月 21 日。

陈长平曾以北京某机关宿舍院为例，描述了该院社会文化结构的变迁过程，涵盖新中国成立初期，“大跃进”“文化大革命”以及改革开放几个时期的家庭社会管理，建筑结构变化、妇女地位、社会治安、社区建设、文化变迁等诸多方面的问题。[①] 之后，他又以北京内城胡同大杂院的老住户为例，分析历史造就的特殊群体的贫困现象，以及贫困的成因。北京市社会科学院“北京城区角落调查”列举了城区角落的十个特征，即环境脏乱差，周围各类机构少（可利用社会资源少），市政基础设施不足，危旧平房集中，居民整体文化素质不高，总体收入偏低，实际居住人口老化，流动人口相对聚集，特殊群体聚居，管理相对薄弱的特征。[②] 这些研究总结了不同群体老北京人的生活状态、收入状况，反映了北京居民的生活水平，但多数偏重现象描述而略薄结构分析。

2010 年，北京国际城市发展研究院发布的《2006—2010 中国城市价值报告》指出，生活质量已成为北京城市价值的“短板”。特别是在居住质量、社会保障方面差距最为明显。[③]

关于北京胡同生活的描述，也总会和旅游开发牵扯起来，很多出版物有关于胡同旅游文化的介绍以及胡同的影像记忆，包括韩国留学生崔敬昊的博士论文《北京胡同变迁与旅游开发》，事实上也是在介绍旅游文化而忽视胡同的社会变迁。[④]

三　城市化与胡同

随着城市化的推进，社会学界出现了大量关于村落城市化的

---

① 陈长平：《逝去的四合院——某单位宿舍院社会文化变迁的空间分析》，博士学位论文，中央民族大学，2000 年。

② 朱明德：《北京城区角落调查》，北京市社会科学院“北京城区角落调查”课题组，2005 年，第 3 页。

③ 北京国际城市发展研究院：《2006—2010 中国城市价值报告》，2010 年。

④ 崔敬昊：《北京胡同变迁与旅游开发》，民族出版社 2005 年版。

研究。如陆学艺等人对北方地区初步工业化的“行仁庄”的研究；[①] 周大鸣对广东都市里的村庄“南景村”的研究；[②] 王春光、王汉生等对都市外来流动农民工和农民小业主聚居的北京“浙江村”的研究；[③] 廉思对大学毕业生低收入聚居群体“唐家岭”的研究；[④] 折晓叶对高度工业化的东南地区超级村庄“万丰村”的研究；[⑤] 王铭铭对发达地区农业村闽南“美法村”“塘东村”的研究；[⑥] 于建嵘对湖南农业村岳村的研究；[⑦] 蓝宇蕴关于都市里的村庄的研究。[⑧] 黄平等人对欠发达的民工流出地4省8村的研究，[⑨] 李培林关于“羊城”的故事等。这些研究从不同角度阐释了工业化、城市化进程对不同社区类型和社会群体的影响。然而，北京老胡同社区在城市化的过程中还与其他研究中社区的城市化进程不同，老胡同社区在城市化的过程中，主要出现的是结构的变迁，以及特殊环境带来的人的“博物馆”化。

（二）城市化与人的“博物馆”化

随着城市化和现代化步伐的加快，传统社区，如胡同、四合

---

① 参见陆学艺《内发的村庄》，社会科学文献出版社2001年版。

② 周大鸣：《城乡结合部社区的研究——广州南京村50年的变迁》，《社会学研究》2001年第4期。

③ 王春光：《社会流动与社会重组》，《京城浙江村的研究》浙江人民出版社1995年版，王汉生：《中国农民进入城市的一种方式》，《社会学研究》1997年第1期。

④ 廉思：《蚁族》，《大学毕业生聚居村实录》，广西师范大学出版社2009年版。

⑤ 折晓叶：《村庄边界的多元化，经济边界开放与社会边界封闭的冲突与共生》，《中国社会科学》1996年第3期；折晓叶：《村庄的再造——一个“超级村庄”的社会变迁》，中国社会科学出版社1997年版。

⑥ 王铭铭：《村落视野中的文化与权力：闽南三村五论》，生活·图书·新知三联书店1997年版。

⑦ 于建嵘：《岳村政治》，商务印书馆2001年版。

⑧ 蓝宇蕴：《都市里的村庄：一个“新村社共同体”的实地研究》，生活·读书·新知三联书店2005年版。

⑨ 黄平：《寻求生存：当代中国农村外出人口的社会学研究昆明》，云南人民出版社1997年版。

院等在逐渐减少，同时，这些建筑作为城市旅游景点吸引了大量游客，而生活在其中的居民作为历史文化遗产的伴生物，自觉不自觉地已被开发为商品。① 在游客眼中，原始居民平凡的生活就成了异文化的表演。②

人们对异文化的理解是，其他历史时期留下的越纯粹、越简单的生活越接近于真实。在现代社会里，游客尽量追索所谓真实的自然的东西，通过旅游去触摸逝去的时代所留下的文化痕迹。③在北京，历史的痕迹除了那些旅游名胜，胡同不可避免地成为他们要接触的一部分。事实上，在这种情况下，旅游者和当地人之间的关系是暂时性和不平等的，任何一种暂时性的、表面化的和不平等的社会关系都是引起欺骗、剥削、不信任、不诚实和模式化行为的基本原因。④

（三）城市贫困、社会空间与社会分化

1. 城市贫困

贫困一般有两种解释，一种是用收入或消费水平衡量，另一种是对贫困定义的扩展，包括对非物质的剥夺和社会分层的感知。⑤ 2004 年，联合国《世界城市化展望》做出以下数据来反映都市人口的贫困状况，后根据 2007 年有 10 亿城市人口生活在贫困中，测算到 2020 年，城市贫困人口将达到 14 亿。20 世纪 80 年代的资源扩散到 20 世纪 90 年代的资源重新积聚，对

① Greenwood, D., "Culture by the pound: an anthropological perspective on tourism as cultural commoditization", in V. Smith (ed.), *Hosts and Guests*, Philadelphia: University of Pennsylvania Press, 1977.

② Feifer, M., *Going Places: Tourism in History*, New York: Stein & Day, 1985.

③ MacCannell, D., *The Tourist: A New Theory of the Leisure Class*, Rev. Edition, New York: Schocken, 1989.

④ MacCannell, D., "Reconstructed Ethnicity: Tourism and Cultural Identity in Third Communities", *Annals of Tourism Research*. 1984 (11).

⑤ Wratten, E., "Urban poverty: characteristics, causes and consequences", *Environment and Urbanization*, 1995 (1).

中国社会产生了广泛而深刻的影响。资本如何分配及阶级不平等引发关注。[①] 群体间的收入差距拉大，城市失业者增多，逐渐沦为城市社会底层，中心城市出现贫困群体，社会的边缘地带出现明显的凋敝。[②] 多数贫民长期失业，需要救济，受歧视、不卫生的环境、缺乏教育使这个阶层无法改善贫穷状况，因而不能摆脱贫困地位。西方国家的城市大多数有法定的贫困线，当低于贫困线的城市贫民的比重超过一定比例后，就意味着城市陷入贫困状态。在西方，城市贫民被称为“低等阶层”。[③]

城市贫困在很大程度上是现代的、技术上复杂的、高度分化的社会经济体系的产物。偏见和歧视也是城市贫困的一个原因。城市贫困的第三个原因是规范。[④] 西方学者提出的“贫民文化”理论认为，贫民的价值标准、信仰模式及生活方式都与主流文化有重要区别，因为贫民往往在地域上集中，并形成共同的交往方式，享有共同的生活条件。这种“文化模式”代代相传，成为一种特殊的生活方式。这种生活方式与中产阶级的要求格格不入，所以贫民很难同化于社会主流之中。[⑤] 这个理论虽然招致批评，但它揭示出贫困问题与规范有关。美国社会学家史域奇（E. Shevky）、威廉斯（M. Williams）和贝尔（W. Bell）等人的研究认为，随着工业社会规模不断扩大和工业化的深入，社会经济关系向深度和广度变化，社会组织复杂化，表现为人口结构的变化，如人们的流动性加快、年龄和性别分布状况改变。移民涌

① 林南：《社会资本——关于社会结构与行动的理论》，上海人民出版社2005年版，第229页。

② 李培林、李强、孙立平等：《中国社会分层》，社会科学文献出版社2005年版，第239—257页。

③ Miller, Walter B.,“Lower Class Culture as a Generating Milieu of Gang Delinquency”, *Journal of Social Issues*, 1958. 14: 5 – 19.

④ 许学强、周一星、宁越敏：《城市地理学》，高等教育出版社2004年版。

⑤ Skort, J. R., *An Introduction to Urban Geography*, London: Routledge & Kegan Paul, 1984.

入城市，并且同种族或同乡的移民聚居在一起，对其他种族或异乡人则有排斥倾向。[①] 当然，移民在城市中生活，也是一个与本地城市人同化的过程。

2. 城市社会空间与社会分化

区域是社区重要的构成要素之一，因此关于社区的研究总是围绕社会空间展开。布迪厄关于社会空间的定义认为，在由个人集合构成的社会中，每个人处于不同的位置和地位构成不同的场所，这些“场所”即社会空间，这种空间具有若干权力关系，它向任何试图进入这一空间的行动者强行征收入场费，也就是相对于这一场域而言的具有价值的各种形式的资本。[②]

国外城市社会空间研究要追溯到19世纪恩格斯对曼彻斯特社会居住模式的研究，在划分了穷人和富人两大社会阶层的基础上揭示城市内在的社会贫富现象。其后的20世纪二三十年代以帕克（Park）为代表的芝加哥生态学派对一些城市做了大量社会学调查，后被演化为三大城市社会空间模型——同心环、扇形和多核心模式。[③] 此后的研究多集中在城市社会区和因子生态社会学视角。

社会区（Social Area）是指占据一定地域，具有大致相同生活标准，相同生活方式，以及相同社会地位的同质人口的汇集。生活在不同社会区的人具有不同的特性、观念和行为。反映在空间上，社会区是由数个社区构成的更大范围的城市均质地域。社会区不同于城市本身有比较明显的空间范围，也不同于多数邻里和社区有固定的地物界线，社会区的边界比较模糊，不易辨认。

---

① David Ley., *A Social Geography of the City*, New York: Harper Collins College Div., 1983.

② Bourdieu, P., *Distinction: A Social Critique of the Judgment of Taste*, London. Routledge, 1984. 83 - 86.

③ Amos H. Hawley, “Social Area Analysis: A Critical Appraisal”, *Land Economics*, 1957 (4), pp. 337 - 345.

最早研究城市内社会区的是美国社会学家史域奇（E. Shevky）、威廉斯（M. Williams）和贝尔（W. Bell）。他们于20世纪40年代末和50年代初分析了洛杉矶和旧金山的社会区，总结出社会区的主要形成因素和分析指数。史域奇和贝尔认为随着工业社会规模不断扩大和工业化的深入，城市社会出现了三种趋向，导致了社会区的形成。第一，社会经济关系的深度和广度变化。表现为劳动分工和技术分工的变化，如体力劳动的重要性减弱，而脑力劳动的重要性增强。第二，功能分化。表现为经济结构的转变，进而使人们的社会地位、经济收入、生活方式、消费类型、对居住环境的需求产生进一步的分化。工业化促使城市妇女就业增多，大家庭逐步被核心家庭所代替。第三，社会组织复杂化。表现为人口结构的变化，如人们的流动性加快、年龄和性别分布状况改变。移民涌入城市，并且同种族或同乡的移民聚居在一起，对其他种族或异乡人则有排斥倾向，种族隔离加重。①

史域奇和贝尔将社会组织复杂化、功能分化、社会经济关系的深度和广度变化这三种趋向转换成三个概念：社会经济状况、城市化（家庭状况）和隔离（种族状况）。这三个概念是形成社会区的主要因素。社会越是现代化，城市里的人们按经济、家庭、种族的分化就越强烈，社会区差异就越大。也就是说，社会空间差异在一定程度上是城市社会内部矛盾的反映，是城市经济发展同城市其他方面发展不相协调的产物，但他们关于社会区的分析遭到很多学者的批评：一是社会区分析没有理论支持；二是社会区分析没有解释社会分化怎样决定城市空间结构。由于这些不足，社会区分析方法逐渐萎缩。

也有学者利用统计数据进行社会区分析，得出的结论之一是北京内城是高密度区，属于北京市区的旧城区和中心商务区，发

---

① 许学强、周一星、宁越敏：《城市地理学》，高等教育出版社2004年版，第210页。

展历史悠久，它除了尚保留部分四合院和部分早期简陋的单元楼以外，由大批翻建的高层居住小区和公寓楼等充填，人口稠密。在未改造的旧城居住区，家庭规模一般较大，老少二代兼有者居多，保留了纯正的北京方言、文化和习俗，堪称老北京的缩影。①

（四）城市化与城乡一体

中国城市化除了表现为城市人口、经济等方面的急剧增长之外，还发生在城市内部自身结构的激变和“人”的变化，而后一个过程，往往为人们所忽视。费孝通先生20世纪90年代关于大都市社区的研究，深入探索城市内部的“都市化”过程，他特别强调，中国的城市化，绝不能简单理解为人口向城市的机械移动、集中的过程或者工业化的过程，我们要特别强调“人”本身的变化过程，特别是从“农民”到“市民”的变化过程。即使像上海、北京等已经形成多年的大都市，也绝对不是城市化的完成，它依然存在一个不断城市化的过程。外来农民工在地理上来到了城市，并不就是“城市化”了，“人”的转化过程要复杂、缓慢得多。事实上，由于中国城市化发展还在进行中，而中国的城市化模式还处于探索阶段，符合中国情况的城市模式尚无定论，一切都在变化之中，因此，已经生长在城市的人口，仍然面临不断进一步“协调化”的过程。②

费孝通先生把今天的社区建设和社区发展，不仅看作一般的城市化过程，而是看作城乡一体化、城乡协调发展过程的一部分，可以说是“协调化”过程在城市内部的进一步深化和继续，它既是城市社会结构进一步调整、优化的继续，也是市民人文方面进一步协调发展的继续。③

① 顾朝林、王法辉、刘贵利：《北京城市社会区分析》，《地理学报》2003年第11期。

② 费孝通：《对上海社区建设的一点思考》，《文汇报》2002年6月23日。

③ 于长江：《走中国的城市化社区道路——费孝通与社会学的社区研究》，2008年。

城市发展的另一个伴生物是“城市病”的产生。国内学术界没有明确的关于“城市病”的定义，像城市中的人文、生态问题都可以归纳到此类问题之中。“城市病”的焦点问题主要集中在城市交通、人居环境（房价高昂）、环境污染等方面。避免城市病，要人性化发展，城市规划要尊重人，尊重自然，尊重传统。①

四　社会分层与胡同研究

戴维斯等人曾经说过，没有分层的社会是不存在的。任何社会分层体系中都有阶级的存在、② 中国也不例外。自 1978 年改革开放以来，新的社会阶层逐渐形成，各阶层之间的社会、经济、生活方式及利益认同的差异日益明晰化，以职业为基础的新的社会阶层分化机制逐渐取代过去的以政治身份、户口身份和行政身份为依据的分化机制。③ 孙立平对已经持续了 30 多年的改革进行反思，认为为了避免中国社会的断裂，要警惕已经出现的上层寡头化、下层民粹化苗头。④ 户口是中国社会分层结构独特性的主要社会体制。魏昂德在 1989 年发表的《中国革命后的社会变迁》发现，户籍制度和单位制度是中国社会结构的两大显著特征。⑤我国城乡隔离、二元社会的户籍制度中，城市居民在教育、就业、收入、社会保障等方面都享受特权。⑥ 但是，当一个社会的收入

① 吕斌：《“城市病”是城市发展必须要付出的代价》，《周末》2010 年 10 月 22 日。

② Davis Kingsley and Moore, Wilbert E., *Some Principles of Stratification*, New York: Rowman and Little Field Publisher, Inc., 86, 1998.

③ 陆学艺：《当代中国社会阶层研究报告》，社会科学文献出版社 2002 年版。

④ 孙立平：《警惕上层寡头化、下层民粹化》，《中国与世界观察》2006 年第 3 期。

⑤ Walder, Andrew G. 1989, “Social Change in Post-Revolution China”, *Annual Review of Sociology*, 15, pp. 405 – 424.

⑥ 李毅：《中国社会分层的结构与演变》，陈蕾、李毅译，美国大学出版社 2005 年版。

不平等能够为社会的主流社会群体所接受的时候，至少说明了这样几个问题：第一，存在一个公平的不平等机制。第二，存在一个主流的，在既有制度中获利的群体。第三，存在一个照顾弱者的机制。①

关于中国社会结构变迁的系统研究始于20世纪80年代初。在80年代的时候，中国社会学界进行的社会分层分析是很勉强的，因为分层研究一个隐含的前提是，其所研究的社会已经是处于相对稳定的定型状态。当时中国的社会结构正处于开始分化的过程当中，正在形成中的阶层不仅很不成形，而且是非常不稳定的。进入20世纪90年代之后，情况发生了根本性的变化，定型化的过程开始了。其标志主要有：第一，阶层之间的边界开始形成。最显而易见的是不同居住区域的分离。第二，内部认同的形成。阶层内部认同的形成是与阶层之间的边界联系在一起的。第三,阶层之间的流动开始减少。第四，社会阶层的再生产。也就是说，过去人们常说的“农之子恒为农，商之子恒为商”的现象开始出现了。② 而在社会互动中，社会成员也会自我归类，有内群体和外群体之分。③

李春玲将中国社会学界关于社会结构变迁的主要理论模式概括为如下四种：第一种是孙立平提出的“断裂社会”观点，认为目前的分化已走向两极分化。第二种是陆学艺等人提出的“中产化现代社会”，认定趋向于中产化的现代化社会结构正在出现。第三种是李路路的“结构化”论点，认为边界日益分明的阶级阶层结构已然形成。第四种是李强、李培林的“碎片化”观点，强

① 邱泽奇：《当代中国社会分层状况的变迁》，河北大学出版社2004年版，第157—159页。

② 孙立平：《中国社会结构的变迁及其分析模式的转换》，《南京社会科学》2009年第5期。

③ ［澳］约翰·特纳：《自我归类论》，杨宜音等译，中国人民大学出版社2011年版，第3页，第58页。

调分化的多元特征而阶级阶层结构难以形成。[①] 胡同社区是“断裂社会”的缩影之一。

第三节　研究胡同的方法

一　社区研究方法

在20世纪二三十年代，美国社会学盛行社区研究，最为著名的是美国芝加哥学派。该学派从城市生态学的角度研究了美国芝加哥的都市化过程，包括芝加哥市内的犹太人聚居区、波兰移民区、上层阶级邻里、贫民窟等。沃纳（W. L. Warner）、韦尔（C. Ware）、雷德菲尔德（Redfield）等人关于社区研究的著作中也分别反映了社区居民的谋生、安家、闲暇、教育方式、参加宗教活动等方面的内容。[②] 他们的社区研究方法深得社会学界的认可和追捧。社区作为中国社会的一个基本组织单位和基本研究单位，引起社会学人类学学者们的普遍关注和高度重视。费孝通曾指出：“以全盘社会结构的格式，作为研究对象，这对象并不能是概然性的，必须是具体的社区。因为联系着各个社会制度的是人们的生活，人们的生活有时空的坐落，这就是社区。每一个社区有它一套社会结构，各制度配合的方式。因此，现代社会学的一个趋势就是社区研究，也称社区分析。”[③] 从生活本身来认识文化之意义及生活之意义有其整体性，在研究方法上，自必从文化之整体入手。于是，功能派力辟历史学派对于文化断章取义之惯技，主张在一具体社区做全盘精密之实地

① 李春玲：《断裂与碎片：当代中国社会阶层分化实证分析》，社会科学文献出版社2005年版。

② 杨宜音、张曙光：《理想社区的社会表征：北京市居民的社区观念研究》，《中国农业大学学报》（社会科学版）2008年第1期。

③ 费孝通：《乡土中国》，生活·读书·新知三联书店1985年版，第94页。

观察。[①]

社区学派亦是中国社会学界20世纪三四十年代的一个重要学派，老一辈社会学家们如吴文藻、费孝通、林耀华等进行了大量的社区研究，为中国社区研究奠定了优秀的基础。最早的社区研究是关于村落社区调查，费孝通的《江村经济》以江苏吴江县开弦弓村为田野点，第一次运用社会人类学参与观察的“社区”调查方法来研究中国江南发达地区的农村经济。费孝通在《江村经济》中明确提出了村落研究的概念和方法论，他认为村落就是一个社区，“而且是一个为人们所公认的事实上的社会单位”。[②]林耀华先生在他的家乡福建义序对黄姓宗族进行了田野调查，20世纪30年代出版了《义序的宗族研究》和《金翼——中国家族制度的社会学研究》，其中《金翼》把调查的一些片断、零碎、芜杂的原材料，转化成一个完整的人类学故事。20世纪40年代，费孝通先生和张之毅陆续发表了《禄村农田》《易村手工业》《玉村商业和农业》等著作，试图通过村庄土地制度和产业构成的不同类型的比较，来说明农业社会中民族志时空坐落——村庄社区——的多样性。之后，田汝康先生的《芒市边民的摆》、许烺光的《祖荫下：中国人的文化与人格》、杨懋春的《一个中国的村庄：山东台头》、黄树民在《林村的故事》都堪称社区研究的典范。

在社区研究的继承方面，徐平的《羌村社会》、王铭铭的《社区的历程》以及庄孔韶的《银翅》等在学术界颇有影响。现在大量关于城中村和城市改造的研究都在运用社区研究方法，这些研究为城市的规划和发展提供了重要的政策参考。本书也将采用社区研究的方法，理由是胡同符合学者们关于社区的定义，尽

---

① ［英］马林诺夫斯基：《文化论》，费孝通译，中国民间文艺出版社1987年版，第2页。

② 参见费孝通《江村经济》，江苏人民出版社1986年版。

管对社区的理解因时代和背景的不同而略有差异。

研究“社区”，首先是把研究的实体当成一个“社区”，然后研究这个“社区”的问题。在学术上，未经过界定，没有哪一个人群或地域自然而然地就整合为一个“社区”。“社区”首先是研究者定义自己研究范围的一个想象的标准。其次是在确定了研究范围之后，“社区”这一概念中包含的各种含义，又为学者们分析这一个实体提供基本的思维框架，即“社区”是一个核心概念，它具有分析框架和方法论的双重意义。因此，对“社区”的定义本身就成为十分重要的问题。对“社区”不同的理解，会造成不同的“社区研究”的方向。① 丁元竹通过对社区发展的历史及与之相对应的思想史的考察，界定了社区的含义，认为作为人类的共同体，社区是在社会的自然发展过程中形成的，是作为生命个体的人类彼此相互的基本需要，在本质上它把个体连接在一起，通过参与共同体事务，为共同体服务来满足个体的生存和发展的需要。它也是公民社会的形式和表现形态之一。社区的要素包括区位、人群、归属感、组织、共同的意识等。②本书采用了丁元竹关于社区的定义。

就要素而言，胡同有其固定的区位和人群、组织。在共同的意识和归属感方面，随着城市化、社会变迁和外来人口的涌入，他们的意识和归属感、认同发生了变化，但这种变化并不证明胡同就失去了作为社区的意义。确实不断有学者认为，社区团结遭到城市化和现代化的破坏，失去了传统的社区团结。如滕尼斯（Tonnies）、索罗金（Sorokin）、齐默曼（Zimmerman）、迪尔凯姆（Durkheim）、韦伯（Weber）、沃斯（Wirth）、尼斯贝特（Nisbet）等人为代表的研究主要认为，都市社会破坏社区团结，按

---

① 于长江：《中国社区研究的理论与实践》，载周星主编《社会文化人类学讲演集》，天津人民出版社 1996 年版。

② 丁元竹：《理解社区》，《中国农业大学学报》（社会科学版）2008 年第 4 期。

照“社区迷失论”的解释，都市人无非是多元社会网络上的有限成员，界线松散。他们的社会纽带薄弱，狭隘且无序。而“社区既存论”则认为人际纽带并没有在都市背景下枯萎，彼此联系是人类的本性，都市人的初级社会纽带会延续。介于“社区迷失论”和“社区既存论”之间的是以菲舍尔（Fisher）为代表的“社区解放论”，即城市居民的联系不再局限于他们的亲密亲属，他们的联系纽带可能延伸到整个都市社会，甚至全国。① 波兰社会学界用 okolica（“周围环境”、社区）来称共同体。他们都以传统乡村为例，认为这种群体秩序很大程度上是靠“闲言碎语”来维持的，社区主要通过议论成员来调节其成员的行为。如美国经验社会学奠基人 W. I. 托马斯曾引述波兰农民的话说：“关于一个人的议论能传到哪里，okolica 的范围就到达哪里；多远的地方谈论这个人，他的 okolica 就有多远。”② 目前，胡同已是城市中心不可多得的传统社区。随着都市化和全球化的演进，大量外来人口的进入和社区结构的重构，传统的胡同居民在固定区位中的社会联系也发生了很大的变化，这也应该是现代社区研究的兴趣焦点。

吴文藻先生曾把社区研究譬为电影，代表的生活是纵贯的、连续的、全形的、动态的。③ 本书亦在研究中注重实地调查，关注生活的完整性以及寻求社会活动的功能，从功能来理解其意义。由此发掘出社会关系，构筑社会结构，从而理解文化的完整性和变异性，这亦是社区研究方法的特征。

---

① Yung-mei Tsai and Lee Sigelman, “The community question: a perspective from national survey data the case of the USA”, *The British Journal of Sociology*, Vol. 33, No. 4, Dec 1982.

② 秦晖：《共同体·社会·大共同体——评滕尼斯“共同体与社会”》，《书屋》2000 年第 2 期。

③ 吴文藻：《西方社区研究的近今趋势》，《吴文藻人类学社会学研究文集》，民族出版社 1990 年版，第 157 页。

二 本书对社区研究方法的应用

“社区研究”的思路是根据文献或其他知识准备确定基本的理论假设，再根据所要研究的问题，界定出一个研究范围，把它视为一个“社区”，以此为基本的研究对象，然后根据研究的问题，以人类学“参与观察”的方式，深入考察这一社区中的各种因素，特别是跟研究对象相关的、具有假设检验意义的事实，来支持或反对理论假设。这套思路形成的基本脉络是社会学从最早的试图套用自然科学的“科学”方法研究社会，逐步转向与具有浓厚人文色彩的人类学结合。社会科学具有很强的人文色彩，不可能完全照搬自然科学的“科学化”，基于此，社会学逐步转向注重借鉴人类学实地研究的学术传统，特别是“参与观察”的方法进行社会学研究。

胡同作为社区，是社会关系、社会结构再生产的产物。本书重在社区生活方式的描述和社区结构的分析。具体方法的选择上，第一，主要使用深度访谈和参与观察收集第一手资料，在实地调查中从整体上来观察理解研究对象；第二，通过收集与主题相关的他人研究成果作为辅助资料；第三，将相关政府文件、法规以及相关新闻报道作为借以选择的参考资料。本书的原始资料主要来源于笔者在胡同生活近两年的实地调查。

第四节 社区的基本状况

一 胡同社区

社区研究往往是通过对典型社区的深入研究，见微知著，来反映一个社会的真实面貌。作为反映社会的社区样本，必须具有典型性和代表性，笔者选择胡同进行研究，基于以下理由：

首先，笔者所选择的社区位于北京内城，是一个传统的老北京社区，被列为皇城文化保护区，居住的居民80%以上都是

“老”北京人，从反映北京人的文化上，它具有一定的代表性。

其次，中国近代史上的每一次巨变在这个社区都有所反映，并留下了痕迹。因为当前的胡同居民，或他们的父辈经历并体会到那种变迁对自己的冲击，所以他们的文化、观念、习惯都养成了自己鲜明的特点，这种特点是值得研究的。

再次，在刀光剑影的城市规划中，胡同被新的钢筋水泥一点点地抹掉，即便是皇城保护区也不能全部幸免。现有的胡同能保留到哪一天我们不得而知。但不管胡同是否逝去，胡同本身作为一种传统的居住格局从舒适性上讲，已不及现代的建筑。不断有人离开胡同，选择现代的寓所居住。但胡同里居住的大多数人，依然是北京人，他们为什么留下，是主动选择还是被动搁浅？他们的生活状况如何？任何胡同游的人在听历史故事的同时，可能也期待知道胡同居民们的生活。

最后，胡同社区因其地理位置、居住格局的特殊性，在现居人员结构上，形成了与多数关于北京郊区“城中村”研究不同的“城中村”，笔者从他者的角度进入社区，通过两年的参与观察，期待对胡同社区的生活做一呈现。

二　社区的基本状况

笔者调查的JX社区面积0.16平方公里，户籍户数1795户，户籍人数4319人，流动人口360人；社区居住的居民汉族较多，属老城区旧居住区。2006年，社区经历了“玉（御）河”文物保护区拆迁，搬迁居民一千余户，搬迁后尚有居民2000多人。社区东为皇城根公园，南有故宫、景山公园，西是北海公园，北临什刹海，均步行10分钟左右可以达到。宽街基督教堂也位于该社区，每周千余人在教堂参加活动。美国前总统乔治·W. 布什2008年曾在该教堂过“主日”活动。

（一）社区的历史

社区内 LZK、CH、NYY 等胡同均形成于明代，DJX 胡同形成于元代。[①] 社区所有胡同均被列为皇城历史文化保护区。明清时代的北京，构成胡同的主要建筑物是四合院。JX 社区紧靠皇城，建筑更是以四合院为主，传统居住格局基本是一户为宅。明清时期，这里是皇城的禁区，为皇宫后勤所在地，是皇宫内置办衣冠、帐幔等东西的地方。[②] 社区位于皇城以北，内有太监衙署，CH 胡同 11 号院据说是清朝太监安德海的衙署，现为某单位宿舍。社区内慈慧寺原为明朝司设监，司设监的服务职能主要是掌管各种用于重大礼仪的仪仗器具。到了清代，司设监的衙署也被废去，但其旧址上的慈慧寺并没有废去，并且在清朝康熙和雍正年间两次重修，改名为慈慧寺。[③] 20 世纪 30 年代初地下党在慈慧寺设秘密机关。同时，它也是北平左翼剧联的主要活动场所，聂耳来北平时经常到慈慧寺参加活动。据史料记载，社区内还曾有龙王庙、火神庙。

JX 社区部分胡同配合“玉河改造工程”而拆迁。玉河是明朝中期为保证和稳定皇城之内三海的水量和水位而开挖的人工河。因为河水是流进皇城里去的，故称为御河，谐音玉河。河的形状像月牙，该地居民也将玉河称为月牙河，亦有居民将它与树叶的形状联系起来，称为柳树湾。明代诗人李东阳曾居住于玉河附近。明弘治年间巨珰李广在河上修建了李广桥，当地亦曾有随李广命名的街道。1956 年，玉河逐渐断水并被填埋。[④] 1964 年北京街道进行地名整顿时，因李广有贪污腐败的历史，遂将李广街改为柳荫街，对应了居民曾经称呼的杨柳湾。历史

① 施卫良等：《北京旧城胡同实录》，中国建筑工业出版社 2008 年版，第 46—48 页。

② 邱阳：《皇城根儿》，中国旅游出版社 2005 年版，第 22 页。

③ 北京市规划委员会等：《明清皇城》，北京出版社 2005 年版，第 72 页。

④ 王彬：《胡同九章》，东方出版社 2007 年版，第 99 页。

就是这样，总是在起点和终点间摇摆。

（二）社区的现状

1911 年辛亥革命以后，居住在内城失去皇银俸禄的旗人生活发生困难，不得不将祖产或家居典当或者出租。从此，四合院开始打破独门独院、聚族相居的居住形式。北洋政府期间，军阀混战，民不聊生，一些房主开始将自家所住的四合院里的空房出售或出租，内城亦有许多四合院被当时的军阀购买，现笔者调查的社区就有当时段祺瑞、张继等人的置业。

社区位于地安门内，关于地安门的改造问题，新中国成立后就在讨论。1953 年，首都古建筑处理问题座谈会上，提到地安门的存废问题以后再研究，先拆去四周房屋 10 间，以解决交通问题。1957 年，地安门等古建筑的拆迁被认为是日后彻底迅速地改建旧城的一个良好的开端。①

随着社会重构及地安门的改造，JX 社区的各个胡同也逐渐褪去了往日的浮华。普通人曾经望尘莫及的皇城一隅逐渐成为寻常百姓家；四合院在岁月的沧桑中有些苟延残喘；曾有名人居住过的大宅门多数已成为破败的四合院、大杂院。同时，人口的膨胀，也使昔日一家为宅的状态难以为继。有经济能力的人纷纷搬离四合院，一些人去宅空的四合院变成了机关宿舍，多余的房屋被房主腾出来出租，具有几百年历史的独门独户的四合院格局彻底被打破。“文化大革命”爆发以后，一些房主被强制搬迁，许多房屋被挤占。四合院里的人越来越多，私自搭建的住房、厨房等使昔日的庭院空间越来越小，有的院变成了一个个狭窄曲折的“胡同”。但是，胡同里并非都是大杂院，社区内 LZK、NYY、CH 等胡同里有的院子原本不大，改造后独门独院的院子也很多。另外，胡同里也有一些新建的仿古四合院。

① 王军：《城记》，生活·读书·新知三联书店 2010 年版，第 175、184 页。

国庆期间的胡同

拥挤的胡同

大杂院的一角

第二章　胡同里北京居民的生活

第一节　房子

研究胡同居民的生活必须先从房子开始，房子对多数普通胡同居民来说，不只是栖息之所，更是生存之本。他们所有的文化积淀几乎都与胡同、房子相关。没有人比他们更能说出四合院东、南、西、北各个房间的意义。但是，急速的社会变迁又将他们的文化与现实剥离。他们的希望源于房子，失望亦与房子密不可分。

一　房子与空间

现在胡同居民对房子的称呼依然以“间”为单位，胡同里的人量化居住面积，不说多少平方米，通常是说几间房。“间”这个单位有其建筑、空间和文化上的意义。住在大杂院里，能与其他住户有区隔的对房子的称谓，可能只有带方位的“间”比较贴切。另外，“间”在某种程度上是胡同人住房紧张的一种体现。比如一家 3 口人，有一间房和有一套房给听者的空间感受是不一样的。老北京人通过房子的间数大致可以判断出面积，一般一间房 12 平方米，14 平米就算大房，小的七八平方米。

胡同里只有一两间房子的家庭很多，孩子多了开始改建，一间改为两间，再找空隙搭出一两间，或者将走廊改成一间房。胡同人对别人讲自己的住房情况时，一般不会提到私搭出去那些，客观上，那并不属于他们的财产。他们说“间”的时候会带上定语。比如，北房、南房或者保姆房（耳房），加定语的重要性只有在胡同里生活的人知道。北房正、大、高，朝阳，采光好。耳房小，有东西厢房挡着基本见不着光，南房（倒座房）没有光，东、西房各能见半天阳光。整座四合院最重要也最尊贵的位置是正房的堂屋，按照礼制规范，这里是供奉祖宗牌位及执行民间祭祀之功用的场所，同时也是会客厅。正房的两侧是家庭中长辈的住房，而两侧住房中以东侧为上，如果家有三代，则东侧正房为祖辈居住，西侧正房为父辈居住；晚辈住在东、西厢房，依次排序。后罩房因其位置最为私密，而且与父母住所距离较近，所以如果家有千金，便住后罩房。总之，正房一定是留给家里年龄最长、最有权威的家长；然后其他人的住房，从东到西，长幼有序。但这都是旧话了，现在一家三代挤一两间房并不罕见，房子一个朝向，一样的条件，只能按照性别和社会关系，怎么方便怎么住，拥挤的空间内很难再考虑长幼有序等礼节。另外，目前四合院的格局已经很难找到传统四合院方方正正的感觉，因为在人口的挤压下居民们见缝插针地盖房子，导致多数院落房屋林立，难寻次序和格局。还有部分四合院改造之后，成为一院一户的小型院落。

胡同里的房子有公房（北京市房管部门的房）、单位房和私房三种，单位房较少。比如表2—1是社区一户一水表的改造工程中公示栏里的一部分，表中列到了每个院的户数和产权，可以看出，该胡同基本以私房为主。

表2—1　　　　NYY胡同的房屋产权

序号	地址	产权	户数
1	NYY胡同1号	私房	5
2	NYY胡同2号	私房	3

续表

序号	地址	产权	户数
3	NYY 胡同 5 号	公房	4
4	NYY 胡同 7 号	私房	1
5	NYY 胡同 8 号	私房	6
6	NYY 胡同 9 号	私房	5
7	NYY 胡同 10 号	私房	9
8	NYY 胡同 12 号	私房	13
9	NYY 胡同 14 号	私房	5
10	NYY 胡同 16 号	私房	5

目前看来，公房、私房或者单位房只是产权差异的问题，就居住和财富本身来说，并没有太大差异。私房因房主有房产证，在买卖或其他交易中不像公房一样有约束。就社区已经拆迁的胡同而言，公房和私房的补偿是一样的。未拆迁之前的差异，一是公房和单位房需要交房租；二是公房和单位房由房产局或单位负责维修。对居民而言，公房和单位房的房租并不是大问题，首先房租很低，每月基本在 100 块钱以内，按房子大小而定；其次多数居民因房子得不到维修或者对维修不满意等原因而不交房租。调查时发现，部分居民多年未交房租而不知道现在的租金是多少。

除私房外，胡同里的单位房和公房还有另一种情况。在 20 世纪 50—70 年代，人们为了工作方便而交换居住空间。当初交换时没有把房屋产权商定清楚，也没有符合法律的协议，现在因为房屋产权问题引起的纠纷和官司很多。

二　房子与老人

笔者调查的 LZK 胡同是清朝内务府的一个仓库，存放朝廷换下来的帘子。如表 2—2 所示，该胡同公房较多。表中列出的是笔者调查到的 LZK 胡同部分家庭，而非该胡同的所有家庭。在调查到的家庭中，承租人多为老人。A 代表胡同西侧的家庭，B 代表胡同东侧的家庭。

表 2—2　　LZK 胡同部分住户家庭情况

序号	户数（户）	面积（平方米）	居住人口（人）	老人数量（人）	承租人/房主	产权类型
A1	1	40	2	2	老夫妇	公房
B1	1	27	出租	/	/	公房
A2	1	25	6	1	老人	公房
B2	1	40	4	1	老人	公房
A3	1	38	5	2	老夫妇	公房
B3	2	7/21	3/4	0/1	男主人/老人	公房
A4	1	15	5	1	老人	公房
B4	1	12	3	1	老人	公房
A5	1	20	4	1	老人	公房
B5	1	25	5	1	老人	公房
A6	1	40	4	1	老人	公房
B6	1	14/19	2/5	0/1	夫妻/老人	公房
A7	1	330	出租	0	个人	私房
B7	2	120/6	0/1	0	个人/个人	私房
A8	2	20/24	7/3	1/1	男主人/老人	公房
A9	0	2000	/	/	个人	私房
B9	0	600	/	/	个人	私房

胡同里 A3 的男主人是整个社区年龄最长的老人，94 岁，祖上是山东的地主。老人父亲 20 世纪 30 年代来到北京，做过教员、记者等工作。据说他用 30 根金条在 LZK 胡同买了个二进的院子。当时这条胡同只有几户人家，院子大小都差不多。老人记得住户中有一个是协和医院的医生，另外一家是老师。他家对面

住的是军人，胡同里还有一所小学。老人说，来北京后，他们做的最多的事情就是捐钱，20 世纪 40 年代的时候还捐建过小学，到 1951 年父亲去世时，他家其实已经没有钱了，他们的房子也有几间租了出去。“文化大革命”爆发后，他们被打成地主走资派。房子成了一个烫手山芋，他找到相关部门要上交房子，但对方说房子是老人父亲买的，他们只能购买，不能无偿收走。于是，他 200 块钱把二进的院子都卖了，卖后房管所又分了 3 间房给他母亲、他的四个孩子和他们夫妻俩住，他说达到当时几乎最差的居住水平才安全。其他几家的房子，军人那家早被收走了，另外两家的房子“文化大革命”时交了，住进胡同的人也越来越多。“文化大革命”后落实政策，他家的房子因为 200 块钱卖掉已没有再收回的可能。但协和医院医生那家和另外一家在政策落实后，被归还了一部分房子。教师那家他再没见过，据说“文化大革命”期间经不起批斗去世了，落实政策后房子也没有人来住过，20 世纪 90 年代突然卖了。协和医生那家的两个儿子一直住在胡同，2005 年前后搬走了，不过他们出钱将房子变成了私房。空着没人住，等拆迁，增值。其中一家的女主人经常回来看看，尤其在夏天雨水比较多的时候，定期观察保证房子不会塌陷。94 岁的 L 老现在有 38 平方米的住房，他的四个孩子都有房子，小女儿一家搬来和他们住，外孙女出国了，他觉得空间足够。其余子女每月给小女儿夫妇 1500 元，作为照顾老两口的费用。现在的胡同是重新规划过的，他当年的院子有 2/3 现在都划到别的胡同了。

胡同里其他家庭的情况和这位老人情况相似的不多，但通常有老人的家庭，老人为房屋的承租人。因为他们工作的年代（目前 70 岁以上的老人，在 20 世纪 50—90 年代工作）单位可以解决住房，而他们的子女参加工作后，已过了全民分房的时代。单位效益以外，资历、职位等成了分房考虑的主要因素。分不到房子的年轻人不得不和老人们居住在一起。所以，胡同里的老人和居住在公寓、有更大居住空间的老人相比，最大的特点，也是优势之一就是不孤独。笔者调查的胡同里的老人通常都和至少一个子女在一起居住，他们能够得到比较好的照顾。笔者调查中，没有听说过虐老事件，除孝道之外，孩子们往往会因为房子而团结在老人身边。

从表2—2可以看到，胡同里的家庭居住空间相对狭小。家庭人均居住面积6平方米，老年人口抚养比为24%，而北京2009年的人均住宅使用面积为21.6平方米，老年人口抚养比为14.4%。[①] 调查中，笔者经常见到戴着红袖标在胡同口值班的老人。值班事实上没有具体的职责，戴着社区统一发放的红袖标在指定地点坐着就行。一个居民说，现在社区都是老人了，找不到值班的人。80多岁的老人没力气值班，有病的也不能值，低保对象因规定要为社区做一些力所能及的志愿服务工作，他们值班不享受与其他居民一样的补助，也不愿意参与。2011年“两会”期间，社区动员居民值班，每小时3块钱，每天值班6个小时。值班的居民说这是2003年以来第一次值班发钱，以前只是每个季度发点油或面等生活必需品，但2011年给钱都找不到人值班。胡同里年轻人少，多数上班，其余的多为老弱病残，没法上岗。值班的老人也打趣说，值班就是个形式，真有犯罪分子过来，他们哪有力气拦堵，对方一下就能推倒三个。他们能做的，最多就是提供一些情况。总之，胡同作为一个传统社区，已经进入老年社会并呈现出如劳动力短缺、活力不足等老年社会的危机。

三　房子与家庭关系

人们称住在胡同里的北京人为“老北京”，现在这个“老”更形象了，不仅指他们是北京的老住户，从人口结构上看，亦有1/4左右是老年人口。老人们处于生育年龄时，人口政策的主基

---

① 北京市统计局网站：http：//www.bjstats.gov.cn/nj/main/2010 - tjnj/index.htm。

调是提倡节育，主张有计划地生育。① 在有房子可以找单位、粮票可以按人口分配的时代，个人对生育的选择权似乎更大。在传统观念的支配下，人们通常会选择多子多福。笔者调查的十几位老人中，只有一位老人有一个孩子，原因是老伴生育后生病，不能再生。还有一个有两个孩子的老人，其他的都有三个或以上子女，最多的有七个。孩子越多，年龄越大，住房越拥挤，但福利分房对普通人越来越没有可能。老人们的孩子或有能力自己买房，或仍旧和父母挤原来的老屋子，当然几个孩子都有房子，只剩父母住老屋或全家搬走，只剩房子在的情况也不少。从居民的谈话中，可以判断在20世纪90年代到2000年初，有能力在胡同以外买房子的居民基本都搬走了。胡同居民回忆中的演员、教师、画家等人，现在都不住在胡同了。现在住胡同的，除退休的老人之外，以20世纪八九十年代做工人的居民为多。

随着北京城不断向外扩张，市中心的房子越来越是洛阳纸贵。保留下来的胡同作为北京地理和文化重地，人们趋之若鹜便不奇怪。胡同里居住的老人的子女们，或为生存，或为财富，不断上演争夺房子的斗争。兄弟老死不相往来的事情在胡同里见怪不怪。

案例1　无业赵②，49岁。兄弟两人，母亲1997年去世，父亲2010年去世。父亲去世3个月后，他和弟弟对簿公堂，为的是父亲留下的11平方米的房子。无业赵说11平方米的房子是他家的老屋，在西城还有3间房，40平方米。他结婚住老屋，弟弟和父母住西城。母亲去世后，因为弟媳妇不待见父亲，父亲就搬来和他们住了，父亲2009年生病到2010年去世，弟弟来看过他两次，弟媳妇没来看过。给父亲看病无业赵花了6万块钱，有4

① 翟振武：《20世纪50年代中国人口政策的回顾与再评价》，《中国人口科学》2000年第1期。

② 笔者将对文章中所有提到的人以职业状态加姓氏的方式命名。

万块钱是外债。但父亲去世后，弟弟突然提出分房子，要分一半，理由是房子是父亲的财产，他们同为继承人。这让无业赵又愤怒又失望，可房子的确在父亲名下，他没有父亲的遗嘱证明自己是房子的唯一继承人。估计善良的老人没想到儿子们会有这种纷争。无业赵说，西城的房子也是父亲的，不是弟弟的。2003年西城房子拆迁弟弟拿了所有的钱，可能也花完了。或者让弟媳骗了。总之，弟弟2009年离了婚，现在带着孩子租房住，没稳定的工作。作为哥哥，他也同情弟弟，但房子是不会给他的。对簿公堂时，弟弟要房子，无业赵要当时西城房子拆迁的补偿款，笔者调查时还没有判决结果。无业赵说他也有老婆孩子，孩子没结婚，自己又没能力给他买房子，生活还得靠出租简易房和儿子的收入，弟弟和自己争本应该属于他的房子，让他很无助。

像无业赵与弟弟这种在父母去世后争房产的情况并不多见，胡同里还有另一种争夺，是争夺对父母的赡养权。在父母在世的时候，几个兄弟姐妹争夺和父母居住的机会。父母去世后，房子就可能留给自己。成功案例有看车刘、待退休张和内退刘。看车刘是返城知青，在东北生活了十几年，娶了媳妇生了孩子。回城后什么都没有，父亲去世了，继母也不帮他。他带着妻子和两个孩子租房子住。后来继母生病，半身不遂，他同父异母的兄弟不愿长期照顾，但看车刘却兢兢业业地照顾继母，继母终于被感动，决定将19平方米的房子留给看车刘。继母做出这个决定后，其他几个孩子也经常来看她，但在照顾上依然不及看车刘。继母立遗嘱后，几个孩子不再和看车刘交往，也不再来看母亲。看车刘在继母去世后继承了房子。目前他19平方米的房子中住着大儿子，大儿媳（怀孕），二儿子，女儿（第二任妻子的孩子）以及他和妻子，因为过分拥挤，看车刘又在院子门口的胡同里搭了一个两三平方米的小棚子，晚上在小棚子里居住。

另一个成功继承的案例是待退休张，他家3间房有30多平方米，原本他的二哥也和他们住一起。但是待退休张和妻子找机会互相吵架或者和二哥找茬吵架，父亲为减少麻烦决定让二儿子搬出去，条件是父亲每月 2000 多元的工资都归二儿子，去世后房子归待退休张。二哥搬出去了，但从此不再与待退休张往来。

内退刘也是一个案例，父亲 90 多岁，母亲也快 90 岁了，在胡同里住。她的二姐经常来照顾父母。内退刘以孩子出国需要钱的名义将自己的房子卖掉，搬来和父母住。因为其他子女都有房子，父母便立了遗嘱，去世后将房子留给内退刘。现在其他几个兄弟姐妹虽然还来父母家，但大姐、二姐即便来了也不太搭理内退刘，两个姐姐都觉得内退刘太奸诈，为得到父母的房子将自己的房子卖掉。

并非所有的家庭都会因为房子而闹矛盾，比如 CH 胡同离休张每个月工资 5000 多元，20 世纪 80 年代从商业部以处级身份离休。他说商业部给他分了楼房，他住了两个月觉得不舒服，住不惯，又把楼房退回去，回来住平房。平房热闹，孩子满院跑，看到人们出来进去，他舒服。离休张有 4 个儿子，三儿子没有房子，20 世纪 90 年代开过出租车，后来不干了，儿媳妇也没有工作。刚结婚时三儿子和儿媳在丈母娘家住，儿子出生后搬来和离休张一起住。离休张老伴北京奥运会开幕当天去世。他开家庭会议，说他去世后，钱 4 个儿子平分，但 3 间房留给三儿子。因为三儿子、三儿媳平时对离休张夫妇照顾得不错，孙子也到了结婚的年龄，没钱再买房子，所以其余几个儿子也都同意了。

“家贫常畏客，身老转怜儿”是唐代诗人张籍的诗，意思是说家里穷的话，就会担心有客人前来拜访，因为拿不出什么可以招待对方的；自己老了，总是觉得自己的价值要得到传承，所以喜欢、疼惜小孩子。不管是老人疼惜小孩子还是自己生养的大孩子，胡同老人到了安享晚年的年龄，还得和子女们一起面对房子的困扰，或者处理他们因为房子而产生的纠纷。

在上面的案例中，没有绝对的对与错，正义者或者非正义者。简单地讲，就是人际关系中对于有限资源的争夺。资源稀缺又需求无限，就会造成个人或群体之间对有限资源的争夺。而有限的资源不可能按照人们的愿望完全合理的分配，所以对于资源占有的冲突是不可避免的。[①] 对于胡同居民来讲，房屋是稀缺资源，介于他们的年龄、职业等情况，他们目前获得这种资源的最佳，甚至唯一途径就是从父母那里得到继承，因为以他们的收入很难在北京再买得起房子，而继承可能会伤害到手足的利益，于是发生冲突也属正常。但房屋争夺可能导致的后果是一种社会纽带的断裂和社会互动的终结。即如图 2—1 的 A 状态到 B 状态的过渡。不管父母有几个子女，与其发生频繁互动的往往只有能够继承房产的子女。其他子女和父母及房产继承者之间的关系都在弱化。

图 2—1　房子导致的家庭关系的弱化

但是，A 和 B 状态目前还不是胡同家庭关系的最差状态，如果居住的房子遇到拆迁，家庭关系可能会因拆迁而彻底松散。胡同居民说只要拆迁就开打，家里也打，外面也打。外面打，是想多要拆迁补偿；家里打，是给的钱或者房子不够分、分不均。比如，社区内的 XBQ 胡同 2006 年开始拆迁，现在仍有部分居民没有搬走。留下的居民讲，当时拆迁，院里院外都轰轰烈烈的，每天都有戏看。白天拆房子，晚上打架。有一户居民，儿子刚出监

① ［美］安德鲁·J. 杜布林：《心理学与人际关系》，王佳艺译，中国人民大学出版社 2010 年版，第 189 页。

狱一年，父亲已经去世了，只有继母和继母的儿子在家住，共两间房子。拆迁时，儿子不愿意和继母及其子分钱，整天打架，有时候互相打破了头，有时候也商量怎么分钱。有一天，夜里还听到他们在打，早晨就搬走了，后来人们遇到继母在东四租房子住。这家的纷争在胡同居民看来是正常的，因为是继母与继子，本没有血缘关系。有的家庭因为拆迁，亲兄弟打架，亲父子打架也不罕见。

案例2　病退张和妻子、女儿、弟弟、弟弟女友、父母共三间房。父母住一间，女儿在商场工作，和朋友在外面租房子住。病退张夫妇和弟弟各住一间房。三间房，两个户口本。病退张一个，病退张父母和弟弟一个。拆迁时，开发商只给钱不给房子，三间房子的钱甚至换不来一套房。重要的是，在院子里，可以一人住一间。院子不管大小都是可以利用的空间。一旦换成楼房，三家没法再在一起住。而且，开发商给的钱根本不够在附近买同样的三间房，但不搬不行，搬又达不成一致意见。一家人就开始打架，对外向开发商要钱，内部兄弟打架到动刀的程度。母亲有病加上生气去世了。病退张弟弟的女友是外地人，拆迁乱哄哄的，她也得不到什么，便搬走了。但剩下的人还是在打，最后父亲上吊，家破人亡。兄弟俩还是没有和解，病退张觉得他家3口人应该多分，弟弟觉得应该按户平分。至于三间房子到底能得到多少补偿，目前不得而知。他们自己说没多少，不够在城里买房子。

这种悲剧，使社区原本对拆迁充满幻想的居民也开始恐惧。从根本上说，居民希望通过拆迁改善居住条件。首先，大杂院除拥挤、没有私密性之外，还有更多的不方便，尽管这些年“水”和“电”的问题已基本得到解决，但大多数家庭室内没有卫生间，必须使用公厕，而且平房并非理想中的冬暖夏凉。由于空间狭小、居住人口多，夏天屋内闷热，冬天屋里没有良好的供暖设备，并不暖和。最重要的是，家庭成员的增加带来无法承受的空间压力，以前一对父母带几个未成年的小孩挤两间房和现在还是那对父母和已经成年的孩子，有的甚至有了孙子还挤两间房的空间压力和方便程度都不一样了。所以，很多居民曾经盼着拆迁，因为在20世纪90年代甚至到2000年初发生在他们周围的拆迁，他们是羡慕并期待的。如良警宇调查的20世纪90年代后在牛街的拆迁项目，一个家庭户口簿的数量可能就是拆迁后得到房子的套数，居民是可以得到安置并能够受益的。① 笔者调查中也发现一个家庭15口人持9个户口簿，这并不意味着他们都是要分家另过，而是提前做好充分的拆迁准备，准备按户口簿的数量领取拆迁补偿。但当下的拆迁不给房子转而改经济补偿，补偿方式也不按户口而是按面积，补偿金又不能满足居民购买商品房的需求。北京有针对拆迁居民的廉租房政策，但他们对廉租房政策并没有表现出强烈的兴趣。因为已经听了部分关于廉租房质量不合格的报道，他们心理上不愿意从一个居住条件不太好的地方搬到另一个在报道中已经说不好的地方。另外，胡同里房子多元的“产权”问题使他们对产权有了恐惧，也对争夺产权有了疲倦的心理。谈到廉租房时，除了质量，他们更关心的是产权问题。所以，拆迁对胡同居民来说，逐渐从希望变成了纠结。不拆还勉强有地方住，拆后可能就没地方住了，房价飞涨，拆迁补偿金在城外都买不到房子。再说，不拆，兄弟姐妹之间为房子暗斗，拆迁就变成明争。他们也不希望争到你死我活，家破人亡。所以，有的家庭也会因拆迁而空前团结。XBQ从2006年起就开始拆迁，但有一个院子至今有两个大家庭没有搬走，其中一个大家庭有10多口人，8间房子。2006年拆迁时，这家人在南池子看好一套小四合院，要求开发商给他们买下来，他们就搬走，不再额外要补偿金。

---

① 良警宇：《牛街》，《一个城市回族社区的变迁》，中央民族大学出版社2006年版。

这家老太太说当时南池子那套院子 200 多万元，现在可能快 2000 万元了。2008 年以后，开发商再没有找他们，但紧挨着他们的房子已经拆了。老太太家的房顶因为隔壁被拆而漏雨，屋顶铺塑料布挡雨。老太太说他们还坚持要房子，不给房子不搬家。现在他们周围新的建筑和改造工程已经开始，这家人每天生活在尘土和机器的轰鸣中。在生活方面，他们也成了绝缘体，比如社区水表改造，煤改电等工程，因为他们是拆迁户，改造工程也没有覆盖他们。老太太的儿子说在城里住惯了，郊区生活、看病都不方便。老人老了，不愿意搬到郊区去住，他们就是想在城里能有房住，并不想通过拆迁发横财或敲诈开发商。只要给他们的补偿能让他们在城里买得起房，他们也搬。

院子里的另一户人家有一位 83 岁的老人，他说自己不会离开胡同，在胡同里生活了 50 多年，半截身子埋在土里了，给多少钱他也不搬。笔者访谈这个老人时，他向笔者展示了 3 个抽屉：第一个抽屉放着香，因为老人信佛，他每天烧香供佛。第二个抽屉是满满一抽屉现金，他说自己每个月 3000 多元退休金，够花了，不缺钱。第三个抽屉是冥币，他说等他去世了，他的儿子可以将这些冥币烧给他。从来没见过有人这样安排自己的今生和后世。从这几个抽屉也可以看出，老人搬离这个胡同的可能性比较小。他有 3 个儿子，1 个女儿。现在两个儿子和他住一起，都表示要和他坚持到底，但老人坚持的是他的胡同情愫，他的儿子们坚持的是要拿到房子或更多的补偿款。不管什么理由，总归他们在机器轰鸣中坚持着。

综上，家庭关系可能因为房子而紧密团结，也可能因为房子而使一个大家庭彻底松散。说到底，因为房子，一个家庭会在内部引发资源争夺的战争，也会团结起来进行资源捍卫，不管哪种方式，都是弱势群体自我保护的一种表现。

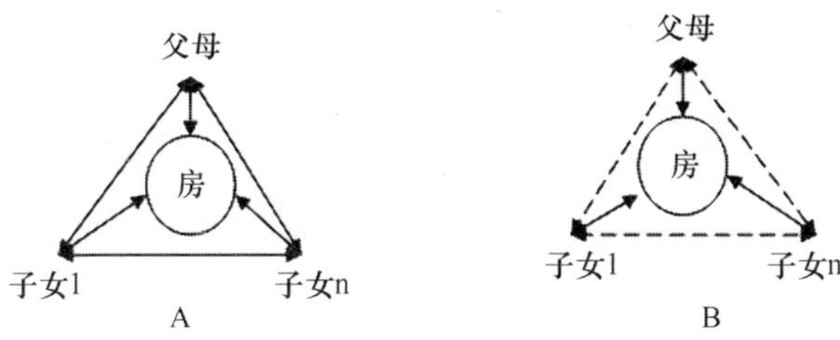

图 2—2　拆迁导致的家庭聚合和离散

在拆迁中，政府和开发商是行动者。如果行动者在追求目标时没有考虑其对象的“自然倾向”，那么，它就是强制性的。就感觉敏锐的、类似于行动者的对象而言，行动的强制性意味着对象的意图和偏好是非法的，因为它被视为源于无知和犯罪倾向的动机。强制性行动的“合法性”意味着它的执行机构否认对象具有抵制强制、质疑其理由、用同样方式还击或要求赔偿的权利。这种合法性本身就是强制问题。不管这种强制被应用了多少次，这种合法性，尤其是合法强制的垄断，绝不是没有争议的。①

由于空间上的挤压和低收入，目前已有部分胡同居民开始向外省市迁移。比如，表2—1 中列到的 NYY 胡同10 号共有9 户人家。笔者随第六次人口普查小组入户时，发现院内有两户退休后去了外省，一户去了当年在内蒙古插队的地方，一户回山东老家。他们将房子租了出去。回山东老家的男主人的哥哥依然住那个院，他说老家小县城，房租不贵，他们在北京出租房子的收入够在当地租房，还可以有点剩余，加上他们的退休工资，比在北京过得轻松。

总之，社会变迁的过程中，胡同居民因特殊的历史原因而失去了教育等向上流动的机会和资本，为了相对“体面”的生活，

① ［波］齐格蒙特·鲍曼：《被围困的社会》，郇建立译，江苏人民出版社 2006 年版。

他们甚至开始向城外或其他省市流动，北京是首都，又是国际大都市，出北京，在世俗眼中至少是地域上的向下流动。房子是一个家庭赖以生存和维系的资本，房屋的拆迁会使家庭成员或围绕房子紧密团结，或争风冲突。随着房子的拆迁，胡同居民的生活被瓦解。

第二节　婚姻

接触胡同里的居民，有时会有莫名其妙的痛感。老的、病的、单身的、离异的、犯罪的等。越走近胡同居民，对一个老人关于人生的描述感触就越深。他说人生艰难，就好像过草地，总有人过不去，但总体来说，身强体壮的还是占优势，比较容易过去，老弱病残的落伍了，没有选择，只能葬身于草地，所以想过草地，先强身健体长本事。胡同里虽然也有富商巨贾、达官贵人等居住，但总体上看，绝大部分还是穷人，他们的住宅与其他阶层几乎是隔离的，部分人长期或间断性失业。由于有北京户口，他们可以依赖底线福利，但贫穷依然使他们处于越轨或犯罪的边缘，失业、住房紧张等种种条件使他们失去了追求婚姻的信心。单身母亲不断增多，未婚成年人增多等现象成为胡同里底层社会的一种呈现。

一　胡同里的剩男剩女

1978 年北京城镇人口 479 万人，2009 年 1492 万人[①]，30 年人口增加了 3 倍。但是，胡同的人口并没有太大变化。首先人口增加的前提是男婚女嫁，而胡同的现状是大量的男女中青年未婚。比如，CH 胡同一个大杂院共有 26 户人家，包括租房的 3 户

---

① 北京市统计局网站：http：//www. bjstats. gov. cn/nj/main/2010 – tjnj/index. htm，2010 年 4 月 25 日。

外地人。半数以上的家庭中有婚龄单身人口，或离婚人口。先看调查到的30岁以上的单身人口，这里单身包括未婚、离婚、丧偶等。

表2—3　　　　　　　　　　胡同里的剩男剩女

姓名	性别	职业	居住情况	婚姻状况
病退红	女	无业	母亲去世，与父亲、表弟居住	未婚
三轮董	男	三轮车司机	父亲去世，与母亲、弟弟居住	未婚
公司刘	男	公司职员	与舅舅，表姐同住	未婚
无业董	男	无业	父亲去世，与母亲、哥哥居住	未婚
无业宋	男	无业	父亲去世，与母亲居住	未婚
职员刘	男	建设部工作	父母均去世，与哥哥居住	未婚
退休王	男	退休	父母均去世，一个人	未婚
个体黄	女	开网店	父母均去世，一个人	未婚
职员金	女	公司职员	母亲去世，与父亲、姐姐居住	未婚
黑车金	男	黑车司机	母亲去世，与父亲、弟弟居住	未婚
无业赵	男	无业	父母均去世，与弟弟一家居住	未婚

（注：退休若年龄都没超过50岁，内退或者病退。）

表2—3没列出受访者的具体年龄，部分原因是受访者避谈年龄，另外，笔者认为年龄不是未婚的重要变量。但所列未婚人员均属大龄，年龄最小的是职员刘，34岁，其次是病退红，39岁，其余的都是40—50岁。我们知道，择偶是受多种因素制约的，除了个人喜好等情感因素，经济基础也是婚姻成立的重要条件之一。这些胡同里的未婚成年人在他们的黄金婚龄，假设是30岁以前，有的返乡，有的自己生病或父母生病，有的没房子结婚，当然也有的因为没有合适的对象而未婚。但是，略看一下这些未婚人士的职业，他们中间没有人从事高收入的职业。疯狂的房价使他们对买房望而生畏，胡同里有个居民半开玩笑半认真地

说，他现在住的胡同的房子，他的收入不吃不喝得用4年才能买到1平方米。2010年8月，社区里一家人因着急用钱，8平方米的房子以40万元卖掉，邻居都说卖亏了。2010年的拆迁价是12万元1平方米。这个居民每个月工资1600元，假设工资不涨，十年买1平方米都费劲。所以，在社区，人们不谈买房子，只谈拆迁要多少钱。这是人之常情，有一些目标，知道摩顶放踵都达不到时，就自然放弃了。

现代婚姻市场有些关键词是“有车有房”、“有房无贷”、“婚房是婚姻的起步价”等。即使出现“裸婚”一词，但敢冒“裸婚之险”的多数是些对未来充满希望的实力派。收视率很高的江苏卫视《非诚勿扰》节目，除了娱乐爱情之外，也能一定程度透视现代人的婚恋观。一无所有，又一厢情愿来寻找爱情的人，尤其是男性，几乎没有成功的案例。在笔者的调查中，胡同里的单身男女没有因为持独身主义而不结婚的，未婚主要是因为结了婚没地方住，或者，压根儿就找不着对象。

比如黑车金，今年41岁，姐姐43岁，都没结婚。母亲2010年去世。他和父亲、姐姐住，房子不到30平方米。黑车金是回族家庭，因为有饮食等禁忌，限制了择偶的范围。他谈过几次恋爱，但每次把女孩领回家里来，女孩看到一家人挤在完全见不着阳光的南房，而且还有个大龄未婚的姐姐，就以各种理由拒绝了黑车金。黑车金的母亲2007年患了癌症，姐弟俩照顾母亲到2010年去世，期间谁都没谈过恋爱。黑车金姐姐原本就有点抑郁症，自母亲去世后，比以前更沉默寡言，走在路上也很少和人打招呼，一家人养了5只猫陪伴他们。

金家的情况和病退红家的情况类似，红有病，2008年病退，每月工资1080元，母亲1994年因癌症去世，红和父亲、表弟住。表弟从河北保定来，12岁就到她家了。表弟的母亲“文化大革命”时下乡在保定结婚，没有返城。20世纪80年代落实政策，可以解决知青子女的户口问题，红的爷爷当时还在世，征求红父母的意见，让红的表弟来北京和他们一起生活。红的父母同意了，红表弟来到北京，落户到红的爷爷名下。红的爷爷去世后，户口本上只剩红表弟一个人。于是，红家48.5平方米的房子就有了两个户主。红的父亲和红的表弟。红说每年家里固定支出1万块钱。电费5000元，她和父亲每人的门诊费1200元，这是门诊报销起付线，还不算自费药以及报销以外的钱。房租每年1200元（他们住建设部宿舍，属于承租人）。水费、垃圾处理费等也得1000元，总之，都加起来，至少1万元。其次就是三个人的饭钱，表弟每月交500块钱，其余由他们父女出。偶尔周末表弟回保定，就会少交20块钱，因为回去两天不在家吃饭。红家的房子比起周围许多邻居家，三个人住，算是很大了。但只有两间房。一间大的包括厨房、卫生间和卧室，父亲和表弟住，红住小间。大间、小间中间有个小院。红说，他们三个，无论父亲找了老伴，表弟娶了媳妇还是她自己结了婚，这个家都得打破天。都挣得太少了，平时还斤斤计较，有个“外人”更是计较，不如就这么过。红父亲说，当时没想到家里多来个人会有什么问题，也没想到房子会这么值钱。现在看来，不如不让红表弟来。因为红父亲年迈，红身体不好，表弟和他们的关系并不和谐，平时对红和红的父亲多有喊骂。

上面金家和红家都是属于空间不足，害怕矛盾而不结婚。但个体黄不是。父母去世后，给她留下12平方米的一间屋子，她以前在一家公司上班，每月不到2000块钱，后来辞职自己开网店，生意虽一般，但一个人怎么都好过。她38岁了，不是独身主义，找对象的要求是对方一定得有房，她觉得对方没有房，将来有了孩子一起挤12平方米的小房间，就不如不结婚。现在年龄越来越大，也没有太多心思找对象了。

无业董46岁，看上去比实际年龄更年轻些。他在街道工厂工作，后来工厂倒闭了，自己开过小饭店，还挣了点钱，慢慢生意越来越难做，就不干了。当时挣那点钱，觉得是钱，现在，用他的话讲，钱“毛”了，买油都不敢去超市买，太贵了。30 多岁的时候，还有姑娘能看上他，他自己一个没找。等他想找的时候，发现自己没车、没房、没工作，还有个老母亲和未婚的哥哥。这样的条件很难找到女朋友，所以就一直单身。他悲观地说现在外地人都不愿意嫁给他，除非带小孩的，但他又不想娶带小孩的女性，觉得麻烦。

总之，表 2—3 中提到的大龄未婚男女，在婚姻问题上多数因房子、收入等方面的因素限制而止步。首先，胡同里的男性单凭北京户口这一指标已吸引不到女性的青睐，能否建立婚姻的关键，对男性来说，取决于财富和事业，对女性来说，年龄是资本。其次，也需要有一定的家庭基础。人们在选择婚姻时，不但是选择精神，也在选择物质。男、女双方都不愿意因婚姻降低自己的生活质量，何况这些胡同居民的生活质量本身已经很低。

空间狭小和低收入等因素不但使胡同中出现了大量的剩男剩女。也导致了胡同里离婚率的上升，尤以中年夫妇居多。

二 胡同里的高离婚率

都说“贫贱夫妻百事哀”，胡同里离婚的夫妻，可以用“贫贱夫妻百事恨”来表达。上面提到的离婚个案中，除出租户孙比较特殊，其他夫妻离婚的原因大体都一致，或因丈夫养不了家，或因妻子或丈夫出轨，极个别因为家庭暴力，还有因为拆迁而导致的家庭危机。出租户孙特殊是因为他有钱、有房子，他说他结婚的时候，什么都没有，家里好不容易腾出一间房，给他结婚用，妻子还嫌不好，整天和他吵架，后来他包工程挣了钱，妻子又开始对他不放心，他就和她离了婚。又找了一个年龄小她 20 岁的外地女性，对方生了一个女儿后也和他离了婚，他现在带着女儿过。

表 2—4　**胡同里的离婚者**

姓名	性别	孩子状况	房子	婚姻
退休二姐	女	1 女儿已出嫁	2 间	离婚
麻将馆刘	男	1 儿子读高中	2 间，已拆	离婚
饭店高	女	1 女儿，1 儿子，读高中	租房	离婚
社区刘	女	1 女儿读小学	1 间	离婚
出租车王	男	1 女儿 ，没工作	1 间	离婚
拆迁赵	男	1 女儿	租房	离婚
退休李	女	1 儿子，工作	和父亲住	离婚
公司刘	女	1 女儿，随丈夫	住男友家	离婚
出租户孙	男	儿子结婚，女儿小学	11 间	离婚

另外，因为拆迁或要拆迁而导致的离婚较多。如麻将馆刘和拆迁赵。麻将馆刘家在笔者调查的社区，但因为这个社区已经有一个麻将馆，他就在雍和宫附近居住的岳父家开了一个以避免不良竞争。后来他住的胡同要拆迁，补偿款也不够买房子，他就把那些钱投进了股市，没想到股市大跌，钱都套进去了，媳妇就和他离了婚。拆迁赵也是拆迁时几个兄弟闹得厉害，拆迁后城里买不起房子，甚至 5 环外都买不到。妻子经不起租房的折腾，就和拆迁赵离了婚。另外，公司赵离婚因为家庭暴力，司机王离婚因为妻子出轨，饭店高因为丈夫养不了家，长期打架，就离了婚，和两个孩子在胡同里租房子。总之，离婚除了情感因素外，与胡同人的职业、房屋居住条件等都有关系。胡同里单身人口多，离婚率高，事实上更加剧了胡同家庭的不稳定。赫夫南对西方社会学关于离婚原因的研究做了归纳，总结了 21 世纪离婚的四个主要因素：同居，初婚年龄，妇女角色多元和对婚姻预期的落差。①

① Catherine Heffernan, "The Sociology of Divorce A Research Overview", *Social Science Teacher*, 2007 (3).

在作者关于胡同的调查中，因女性对婚姻的预期得不到满足而离婚的比较多，比如上文提到的饭店高，她很辛苦地工作，几乎一个人承担家里所有的支出，但丈夫只将打麻将作为职业。饭店高说丈夫并不是找不到工作，而是不愿意做他不喜欢的工作，而且他觉得饭店高找工作更容易。饭店高相信自己能找到工作，同时又对丈夫很失望，就提出离婚。像饭店高丈夫不愿意做他不喜欢做的事情的北京胡同人，其实并不罕见。胡同里有很多像她丈夫一样的人，他们不是找不到工作，而是不愿意工作。在他们的思想里，也有严格的等级概念，如他们找不到所谓的体面工作，但是又不愿意和外来务工人员做一样的工作，因为他们认为自己的身份优于外地人，于是就干脆待着，凭房租或福利过日子。女性这时在家庭中可能就承担起养家的职责，在看不到希望的情况下就选择离婚。吉登斯曾说："离婚并不是因为对婚姻不满，而是彼此决心去寻找一种互惠的，让人满意的关系。"① 在胡同里，离婚的原因似乎就是对婚姻的不满，还有对未来的绝望。比如饭店高说，离婚前他和丈夫住的还是结婚时的那间小房子，女儿大了没地方住，就拉个帘子和他们睡一个屋，她不能忍受这种生活，而丈夫又不工作，即使他工作，也很难改变这种状态。也就是说，饭店高的婚姻主要还是摧毁在对未来的失望中，丈夫不工作只是部分原因。

总之，胡同里未婚、离婚已是一种普遍现象，正是因为这个现象的产生而导致胡同老龄化的加重，缺乏生机。即使朱光潜在《慈慧殿3号》中描述潦倒的旗人时，也提到了旗人的几个可爱的小姐每年到他的园子里来两次，春天来摘一次丁香花，秋天来打一次枣子。② 而如今的胡同、四合院不但不见了丁香花和枣树，

① Anthony Giddens, *Sociology*, *A Brief but Critical Introduction*, London: Polity Press, 1992.

② 朱光潜：《慈慧殿3号》，载商金林《朱光潜作品新编》，花城出版社2009年版，第1—3页。

也很难看到孩子，胡同里出现的小孩多数是在胡同居中的外地打工者的小孩。未婚及离婚阻碍了家庭的再生产，而胡同里的新生代，即20岁左右刚参加工作的年轻人，不再适应和顺从胡同里拥挤的生活，只要有条件，他们就搬离胡同。如工人骆某的儿子，在一家娱乐公司上班，每月工资1800元，但公司提供宿舍，所以找到工作后，他马上就从家里搬出去。一个在邮局工作的年轻人说，尽管他工作还不错，但没有女孩愿意跟他在一间不见光的屋子里结婚，即使他自己也不能接受结婚就和父母、甚至和祖辈住一起，他只能自己想办法买房，或者找个有房的女朋友。他目前在租房居住，只是偶尔回来看父母和爷爷。小孩的稀缺和年轻人的出离使胡同成为一个老人村，缺少了作为一个社会实体维系下去的活力和生命力。

第三节　胡同居民的职业

林语堂曾经说："北平最大的动人处是平民，决不是圣哲的学者或大学教授，而是拉洋车的苦力。"①随着社会的发展，"拉洋车"逐渐成为一个历史名词。但是，车夫这个词始终没有退出历史舞台，做各式车夫依然是平民阶层的重要选择之一。胡同居民自雇佣从事的主要职业之一就是车夫，因此，研究胡同，车夫群体是必须分析的，本书将出租车司机和三轮车师傅一起称为车夫。

李景汉在《北京人力车夫调查报告》里曾经写到，近代北京的工业非常落后，发展十分缓慢，直到新中国成立初，北京仍然是一个封建消费性城市。因此，在没有其他就业途径的又必须养家糊口，且不肯沦为乞丐与盗贼的时候，拉人力车便成为众多

① 林语堂：《迷人的北平》，载姜德明《北京乎》，生活·读书·新知三联书店1992年版，第515页。

下层贫民的必然选择。当时北京的人力车夫至少有5.5万人，占全城人口的7%，也就是说，每14个人或者每9个男人中就有一个人力车夫。如果再加上他们供养的人口，北京靠拉车为生的人就有15万之多，占全城人口的19%左右。[①] 过去近一百年后，北京街头的人力车由一种必要的交通工具变成了旅游工具，取代这种交通工具的，是北京满大街的汽车；取代人力车夫这个职业的，是北京7万辆出租车的司机。但人力车并没有消失，只是从必要的交通工具转到了旅游消费的市场。

一　胡同里的三轮车夫

在胡同里走一走，随时会看到载着中外游客游览的三轮车夫，他们或操北京口音，或操外地口音（河北居多），抑或用标准的中式英语向各国游客介绍胡同的历史和文化。这些三轮车夫多数属于旅游公司管理，个人收入通常只是全部收入的10%，其余都要上缴公司。三轮车夫显然不满意这种掠夺，但外地来打工的车夫因不是太熟悉北京或不愿意承担独自招揽生意带来的风险而选择依附于公司；北京的三轮车夫多数就住在胡同里，他们利用地利条件，自己买辆三轮车，停在家门口或胡同口，或离家不远的景点，自己招揽客人，所谓拉黑车是也。他们的收费随行就市，一般都是和乘客临时商谈，有的按时间计算，也有按游览的胡同和景点来计算。遇到外国人，车价会有所提高，生意清淡时，又会有所降低。虽然不是天天都能拉到活儿，但他们一天只拉一趟或两趟的收入几乎相当于外地司机从早干到晚的收入，一趟平均每人60元。

拉黑车的本地司机看不上为旅游公司卖力的外地司机。因为介绍的景点多数都是名人故居或者各种建筑符号的含义。本地司机说，他们是什么人，他们才来北京几天，见过厅堂庙宇吗？只

---

① 李景汉：《北京人力车夫现状的调查》，《社会学杂志》1925年第4期。

能胡编。言下之意，他们是见过世面的人，在这个文化里长大的人，那些没见过世面的外地师傅和他们没得比。尽管听他们的介绍和听外地师傅的介绍几乎没有差别，除了他们边蹬车边说，我就是胡同里长大的人，我小时候见过 XX 等。游客有时问那你见过 XX 领导吗？他会得意地说见过。外地的三轮车夫介绍社区时，有时会提到这个地方的“风水”问题，说这是出太监的地方。这样的说法会让胡同的三轮车夫包括胡同居民不满，他们说一个蹬三轮的知道什么呀？太监住的地方？这什么人没住过，张继你知道吗？国民党那个张继就住附近。他们尽量列举自己知道曾经住在这里的大人物来说明他们住的是一个好地方同时也说明同行的无知。

作者调查的社区中的一条胡同就有 4 个三轮车师傅，6 个出租车司机。在李景汉先生做北京人力车夫的调查 80 年之后，经济进步，社会发展，但生活在底层的百姓的生活形式和谋生方式似乎并没有发生太大的变化。表 2—5 反映 4 个三轮车夫的生活情况。

表 2—5　**三轮车夫的家庭状况**

姓名	婚否	家庭成员	其他收入	居住状况
三轮王	已婚	母亲，妻、儿	无	与母亲、哥哥同住
三轮董	未婚	母亲	无	自己有一间屋子
三轮二哥	未婚	母亲	无，母亲有低保	与母亲同住
三轮王 2	离异	父亲、母亲	无，父亲有退休金	有父母同住

从上表可以看出，三轮车夫多数单身，没有其他收入来源。他们年龄一般在 50 岁左右，因产业结构转换和制度转轨而导致失业。由于年龄、教育和技能的局限，他们几乎没有可能回到主导产业或新的就业岗位中去，也失去了与单位制联系在一起的社会福利和保障，成为被社会转型永久淘汰的人。他们与父母居

住，老人一般都有退休工资，如果不生病，老人们的工资足够生活，车夫们基本不用养家。因为就住在胡同，他们吃饭也不用像外地司机一样在街上随便吃，又没有租房压力。所以比较蹬车的外地车夫，胡同三轮车车夫的生活质量要高于他们。

案例4　三轮董，58岁，曾去东北农村插队，返城后在街道工厂工作，因打了厂长被开除，之后做过生意，都不如意，2003年开始自己弄了辆三轮车拉客人。三轮董的弟弟也没有工作，但他不愿意蹬三轮车，觉得没面子，因为三轮董蹬车，弟弟和他同住一个院子，互相不怎么说话。三轮董说蹬三轮车没有什么成本，也不费力气而且还自由，关键得在邻居面前舍得了面子。因为自己住的胡同离后海、北海等景点很近，是胡同游的胜地之一，刚开始拉着客人和邻居们打招呼，他有点不好意思，但慢慢就好了。生存第一，总比饿着强。

另有三轮二哥，他和母亲一起住，母亲79岁了，身体不太好，大多数时候出来需要轮椅，有时自己推着轮椅走，有时三轮二哥推她。三轮二哥说他不会开车，没法去开出租，而且出租车拉活时间长，没法照顾母亲。其他工作自己年龄大，不好找，在胡同里打扫厕所可以，但是目前他认识的胡同居民还没有干这个的。他能找到，能干的也都是些苦力，工作时间长，挣钱少，重要的是还没法照顾母亲，于是就买了辆三轮车。但是现在胡同里蹬三轮也不容易，尤其在奥运会前后，到处都是摄像头，防止三轮车司机拉私活。二哥说，蹬三轮车不是个能挣多少钱的活儿，而且，大多数时候收费都比旅游公司低，游客受益，自己也能赚点钱。他不明白为什么不让他们拉车，而要把他们组织起来为“资本家”赚钱。他说本来正当凭力气挣钱的事，弄得跟做贼似的。

听三轮车夫的介绍，看他们的家庭，再与李景汉20世纪20年代在北京人力车夫的调查对比，其实变化的只是称谓。当然，如今的车夫在人数上并不像以前多。但从婚姻和收入来看，似乎没有太大差异。李景汉的调查中，人力车夫已婚者62%，未婚而“寄身车厂者”38%。[①] 在笔者接触过的三轮车夫中，外地车夫多数已婚，通过这个职业养家，而胡同里的北京车夫未婚者居多。从当时收入来看，当年的人力车夫每天要支付租赁费占总收入的23%[②]，这与如今三轮车夫上交公司的份额相比，要低得多。如上文提到的，现在的三轮车夫要支付收入的90%左右给公司。三轮车夫和当年的人力车夫相比，几乎没有变化的是，这个职业依然是底层社会的一种选择。像访谈中三轮车车夫提到的，这是个凭力气挣钱的事。他们从事这个职业，亦是养家糊口的需要，但相比外地车夫，北京的车夫情况又好得多。首先没有房租的压力，没有公司的租赁费和管理上的压力。所以，虽然从事同样的职业，胡同里的三轮车夫依然有文化和地域上的优势。

二　胡同里的出租车司机

20世纪80年代以后出租车在全国各地迅速流行，出租车司机可以说也曾风光一时。但随着公共交通的发达，私家车的增多，大批“黑车”的出现，以及出租车行业的规范化，出租车司机的美好时代基本已经过去。对于北京的出租车司机来说，比较幸福是，出租车行业限制外地户口的司机进入，而把这个行业的市场留给北京人。这样就给北京人减少了一定的竞争压力。但是，出租车司机一样需要每天工作12小时以上才能保证每天有100块钱左右的纯收入，根据2006年出租车行业调查，北京出租车司机月人均收入仅1685元。[③] 出租车司机每人或每两人承包一辆车，没有休息日，两人的车一般分白天、夜间班，或每人一天开全天。他们收入不多，但工作却是至为艰辛，而且有时说得上

① 李景汉：《北京人力车夫现状的调查》，《社会学杂志》1925年第4期。

② 同上。

③ 《北京市出租车司机生存状况调查报告》，《中国经济时报》2006年10月19日。

是悲惨。打开网络，可以看到关于出租车司机猝死的新闻，而猝死原因多数是因为劳累过度。还有出租车的事故率较高，原因也多为疲劳驾驶所致。

在JX社区，除了三轮车车夫，选择开出租车作为谋生之道的居民也不在少数。表2—6是一个胡同的六个出租车司机的家庭基本情况。

表2—6 出租车司机的家庭基本情况

姓名	婚否	家庭成员	其他收入	居住状况
王师傅	已婚	妻子、女儿	无	三人一间房
韩师傅	已婚	母亲，妻、儿	母亲有退休工资	五人两间房
王师傅（2）	离异	父、母	父母有退休工资	三人一间房
董师傅	已婚	父亲，妻子	父亲有退休工资	三人两间房
马师傅	已婚	父母，妻、儿	妻子有工资	五人两间房
刘师傅	假离婚	妻子、儿子	无	三人一间房

胡同里的居民选择出租车行业作为谋生手段，一方面，作为北京居民可以跨进出租车这个行业门槛；另一方面，除了体力和开车技术之外，他们没有别的可以谋求职业的资本。当不愿意把自己投入“更低级”的行业，比如外地人从事的清洁工、小时工或别的体力为主的行业时，他们选择出租车司机这个相对体面的行业。

案例5 王师傅，49岁。有一个女儿，职业学校毕业后待业，妻子没有工作。他20世纪90年代初当过小包工头，自己说也没挣到钱，2006年开始开出租。最初他一人承包一辆车，2010年冬天他的车报废后，开始和另一条胡同的邻居合伙承包一辆车。“对班”离他家不远。他说两人一辆车，车份能省点，但不如一个人自由、轻松，必须抓紧时间跑活才能挣到钱。他和“对班”交班的时间是每天下午三点和半夜三点。最初笔者感到很奇怪，但访谈时王师傅说半夜交班，两个人都可以晚上在家。又一次访谈，他才说，现在社区很乱，单身很多，有些人居心叵测想搞点事儿。他有一个邻居因为开出租车晚上不回家，老婆跟人跑了。

联系前面叙述的胡同里的婚姻，笔者似乎可以理解王师傅的这种担忧。胡同有大批的单身成年人，他们的生活并没有富足到可随时光临娱乐场所进行消费，而平时他们又主要以消遣为主。几个认识的人凑在胡同里聊天，偶尔也会打情骂俏。尤其单身，可能偶尔有扰乱别人家庭的冲动。而且胡同里也有先例，于是，就出现了王师傅的这种家庭护卫者，一边工作养家，一边得防止后院起火。

表中的王师傅（2）比起其他师傅来一直是比较会跑车，会挣钱的。他长期一个人承包一辆车，基本守长安街一带的宾馆而不在大街上拉客人，他说在宾馆有包车的客人，活儿相对轻松一点，也能多挣一点钱。包车一般不打表，和客人直接商议价钱。有一天，王师傅（2）在北京饭店等活儿，一位外国客人上了他的车，要去银泰中心。通常从北京饭店到银泰中心打表 20 块钱左右，王以为客人是外国人，不懂中国的行情，而且他希望包车，不愿意拉小活儿。就和客人要 50 块钱，不愿意走可以下车。那个外国人就下车了，但让王没想到的是，外国人投诉了他，公司马上扣了王的车，让他回家写检查。王的车被扣了 2 周，每天 200 多块钱的份子钱他得照交，再加上公司的罚款，他因为没有拉一个客人损失了近 5000 块钱。

当然，出租车司机的这种悲剧可能不仅存在于胡同里从事出租行业的司机身上，整个北京市，一辆车一个月的份儿钱，单班需要 5700 元，双班需要 7000 元（公司之间略有差异），另外这份工作还要能维持司机和家人的生活，所以，一辆车一个月得拉出至少 15000 元的活儿。为了多拉活，多挣钱，出租车司机因疲劳驾驶经常出车祸，因为撞伤了人而赔得倾家荡产的也大有人在。所以，在出租车行业内，司机和妻子“假离婚”成了公开的秘密。“离婚”后，家里所有财产都归妻子。如果司机在开出租车期间出了车祸，那他除了兜里的钱，什么都没有。刘师傅说很多出租车司机都这样，假离了婚，财产给了老婆孩子，好几个人在外面租一间房子，以防万一真出了事有人调查。但开车没出事，离婚假戏真做的司机倒也不缺。刘师傅为防患于未然也和爱人形式上“离了婚”，所幸他们的关系依然很好。在笔者调查期间，董师傅正和他的妻子闹矛盾，原因是董师傅最近开车不挣钱，还赔钱。媳妇怀疑董师傅有出轨行为，董师傅自己也不否认。因为笔者和董师傅比较熟悉，他告诉笔者他开车时“捡了”一个女孩，非要和他回家，他就让她在自己车里呆了一晚上。后来那个女孩打发不走，董师傅又给她租了个房子。开车本身就挣不了多少钱，董师傅这样花费，媳妇自然会发现。

总之，李景汉做北京人力车夫的调查时，就关注了车夫们的婚姻问题。如车夫因和妻子分居而去妓院消费等。现在，因为出租车司机工作不规律，同时，晚上开车经常会碰到各色客人，他们亦时有被诱惑的可能。他们自己开车有时无法照顾到家中的妻子，也会导致婚姻出状况。比如表 4 中的社区刘，前夫就是出租车司机，因她有几分风韵，做社区工作和周围居民接触比较多，经常有人找她聊天调情。有些她的朋友在她丈夫出去开车时就去找她，最终导致他们离婚。

另外，出租车作为一个服务行业在竞争激烈的时代为维持和盈利，服务就朝着更专业的方向发展，现在出租车行业的管理非常严格。师傅们说，挣钱是建立在车不坏、不出事的基础上，车坏了，一天白干；出事了，几天甚至更长时间白干；被举报了就几天白干或下岗。总之，这确实不是一个轻松的行业。而且，“黑车”的诞生给出租车市场也带来一定的压力。

但胡同里几位开车的师傅一致说，有压力，但开车依然可以赚到钱，只要辛苦，每月 3000 元是有保证的。不工作，就只能吃低保，低保每月不到500块钱，申请有限制，申请到了还有限制。开车有事情做，而且不算太埋汰，对子女也有个交代。但是，从事这个行业他们要时时关心事故率，担心车出问题，担心婚姻亮红灯。总之，这不是个轻松的行业，正如居民们所说的，总比没事干待着强，比外地人强，也基本可以养家，这就可以了。跑车时间长的司机，也有了一些挣钱的窍门和包车的客户，而且胡同里的司机，北京四九城几乎完全熟悉，比起延庆等郊区来北京跑活的司机，他们更轻车熟路些，也不用像郊区司机一样需要租房或者住在车上，从这一点上看，他们还是有优势的。

第四节　皇城根人的幻觉

尽管目前的胡同居民居住空间狭小，但市中心的地价和皇城根儿的身份使他们对历史有种特殊的眷恋。他们比后来因教育、工作等成为“北京人”的居民更在乎自己的“北京人”身份。尽管时过境迁，在没有其他社会资本储备的情况下，“北京人”的身份几乎成了孔乙己手里拍出的铜板，他们愿意将它响亮地拍出，以证明自己的存在。

一　对历史的幻觉

在胡同里做调查，居民经常会岔开话题，转而讨论政治或历史。后来笔者发现，他们愿意谈过去，似乎是因为在过去一个较为扁平的社会里，他们没有被剥离的感觉，而在历史里，他们的祖先还曾风光。通过谈这些，他们可以回避或掩饰自己的现状。比如退休沈讲，她的爷爷官至三品，她前任丈夫是清摄政王多尔衮的后代。她家有七个孩子，她是最小的一个。她的前4个哥哥姐姐的民族成分是满族，后两个，包括她的民族成分都是汉族。她说，不要等着社会适应自己，自己得适应社会，跟住主流。满族在她出生（1955 年）前就受欺负了，为了不受欺负他们就改了民族，这也是适应社会的一种方式。然后她会自豪地讲自己祖上没出过东四、西四，意思是说，他们一直是真正的北京城里人。退休沈喜欢评论历史，她说总批评清朝不好，清政府不好。但是，清朝给中国留下东西了，故宫保住了，颐和园修起来了，还有这四合院。我 1990 年在国外（美国）待过，我们随时被歧视，房子不租给我们，东西都不想卖给我们，嫌我们是中国人，当时那种爱国之情就油然而生，一起出去的中国人也确实讨厌，主要是脏，有时还偷人家东西。现在问问刚从国外回来的人，他们还能感受到被歧视，不是盖了高楼人家就不歧视你了，我们需要提高素质。退休沈说自己小的时候一棵大古树遮了他们整个院子，有亭子，有屏风，特别漂亮，现在都破坏了。

总之，胡同人通过对既往的追忆来带给他们慰藉。弥补自己在当前社会中的失落感。他们有强烈的自尊并比任何人都在意自己的“身份”，从而通过历史来进行自我身份建构。这也是他们取得认同的一种方式。他们通过奠基于既定的文化属性自我辨认和建构意义，而尽量排除其他更广泛的社会结构参照点。而这种认同是行动者意义的来源，是由行动者经由个别化的过程而建构的，包括跨越时间和空间并自我维系的原初认同，也包括跨越传统文化特质建构意义的行动过程。[①]

研究认同的学者发现，强烈的主流认同只在对主流文化有正面适应的时候，才和高自尊有相关。对于那些有着很强的种族、历史认同但却没有适应主流文化的个体而言，自尊往往会带来一系列问题。[②] 虽然胡同不涉及种族认同，但沉浸于历史的胡同居民与急速的社会变迁已经形成差距。他们因职业、收入等被主流

---

① Paul Gilroy, “Diaspora and the Detours of Identity”, in *Identity and Difference*, Kathryn Woodward ed., Sage Publications and Open University, 1997.

② 泰勒等：《社会心理学》，谢晓非等译，北京大学出版社 2004 年版，第 107 页。

社会所排斥、所不包容。事实上，他们自己对主流社会也没有认同。他们处于社会边缘，被社会边缘化而成为边缘群体。

二　财富的真实和幻觉

房子是居民最大的物质财富，社区拆迁了几条胡同，据说补偿款每平米从 8 000—150 000 元不等。每家到底得到多少补偿，大家只是猜测而已。但从周围的胡同开始拆迁起，每家居民对自己的房子都有了一个心理价位。比如，返城刘有 19 平方米的房子，因结过两次婚，共有 3 个孩子。他说如果拆迁，他至少要 600 万元，两个儿子每人一套房，他们夫妻和女儿住一套，还都得挑最小的在城外买。城外买了房子还得买车，补偿款一点都剩不了。不给 600 万元，他肯定不走。出租车司机王只有 7 平方米的一间房，但他说如果拆迁，没有 500 万元，绝不离开。内退刘家，38 平方米，拆迁至少要 600 万元。开始听到这些数字的时候，笔者有点瞠目结舌，觉得居民荒唐，几平方米的小空间想要不着边际的价码。但是，听了居民对他们心中设想的补偿款的安排，也觉得可以理解。没有人将他们想要得到的补偿安排作吃喝玩乐等消费，他们想用这些钱维持一个普通人家的生活，其中最重要的是拆迁后解决家人住房的问题。尽管拆或者不拆还是一个未知数，但他们已然对未来做了安排。可以感觉到，那种安排也是他们想要达到的一种生活状态。比如人人能有一间房、一个独立的空间。但是，能实现他们这种理想的唯一途径就是拆迁，因为他们自己或无业，或仅仅从事低收入职业，靠他们的收入不太可能改变目前的住房状态，所以他们将希望寄予在他们不大的房子上。他们希望拆迁，又害怕拆迁。在当前文化保护的语境下，通常以名人故居为噱头，谈文化保护的重要性。对于普通四合院的保护，大体是从整体上谈它的历史、建筑与文化价值。但是，笔者认为目前的语境过分强调四合院的文化意义和忽略考虑它真正的居住意义。以笔者调查的社区为例，普通居民对胡同生活并非像某些报道中描述的那样眷恋。[1]“眷恋”和“冲突”多数都源于补偿的不合理，或者说不能满足居民的心理补偿预期，也有部分居民因不愿意接受一种新的生活方式的挑战而不愿意搬走。但总体上说，居民是希望在居住条件上得到改善的。直到现在，原本规划要拆的胡同都没有拆掉，居民说“拆不了”，开发商赚钱才拆，不赚他就不拆了，2012年，开发商按原有面积将居民的房子进行重修，拆迁暂时又成了未知数。

① 张捷、南香红：《焦虑的四合院》，《南方周末》2003年8月7日第1017期。

第三章　胡同维持的机制

作为一种传统的人居环境，胡同正在以惊人的速度消失，人们在研究胡同时，常常用“消失”“逝去”或“死”等比较消极的词语。但胡同依然存在，尽管部分四合院杂乱，部分胡同居民生活贫困，胡同的存在却依然是事实。与传统概念的胡同相比，目前的胡同社区看似飘摇，或者真的“死”了，但它自身却又滋养着一种新的力量来维持它的生命力。

第一节　国家权力对社区秩序的保证

一　皇城文化保护

新中国成立以后，北京开始大规模的城市建设。1953 年，北京市规划小组提出《改建与扩建北京市规划草案要点》，其中有一点是全市的中心区作为中央首脑机关的所在地；在改建和扩建首都时，应当从历史形成和城市基础出发，既要保护和发展合乎人民需要的风格和优点，又要打破旧格局的限制和束缚，改造和拆除那些妨碍城市发展和不适于人民需要的部分。对于古代遗留下来的建筑物，采取一概否定的态度不对，一概保留也极其错误。[①] 在随后几年提出的《北京城市建设总体规划初步方案》

---

① 北京建设史书编辑委员会：《建国以来的北京城市建设》，北京印刷二厂 1986 年版，第 29—35 页。

(1957) 中，强调加快旧城区改建的速度，当时认为，北京城内80%以上是平房，多数质量较差，其中还有相当数量是危险房，每年都要倒塌上千间。1962 年，城市规划 13 年总结时，指出旧城改造后，整个旧城区市政条件依然很差，不少地方水压过低，污水排不出，煤气、热力进不去。随着城内空地、空院基本占完，改建城区拆迁量越来越大，城区改建速度不可能太快。[①] 1983 年 7 月，中共中央，国务院批准北京总体规划把保护文物、古迹和改建旧城作为一项重要内容列入总体规划。强调保护文物、古迹不仅要保护其本身，而且要保护其周围环境，要保护北京历史文化名城的独特风貌。同时要求逐步、成片地改造北京旧城。指出通过改造，既要提高旧城区各项基础设施的现代化水平，又要继承和发扬北京历史文化名城的传统。在 20 世纪 90 年代的总体规划中，城市性质确定为国家"政治中心和文化中心，世界著名古都和现代国际城市"，强调了文化内涵和全方位对外开放的要求。2003 年由北京市人民政府批准公布的《北京历史文化名城保护规划》，是新中国成立以来第一部全面、完整的保护规划，从规划的基本思路上明确提出"三个层次"和"一个重点"。"三个层次"是指文物的保护、历史文化保护区的保护、历史文化名城的保护。"一个重点"是指旧城区；旧城整体格局的保护增加整体保护皇城的内容，增加了统一危改与旧城保护、保护传统地名、保护与发扬传统文化和商业、实施保障措施等内容。2005 年获得国务院批准的《北京城市总体规划（2004—2020 年）》中，明确提出"北京是世界著名古都和历史文化名城，应充分认识保护历史文化名城的重大历史意义和世界意义。重点保护北京市域范围内各个历史时期珍贵的文物古迹、优秀近现代建筑、历史文化保护区、旧城整体和传统风貌特色、风景名

① 北京建设史书编辑委员会：《建国以来的北京城市建设》，北京印刷二厂 1986 年版，第 49 页。

胜及其环境，继承和发扬北京优秀的历史文化传统”。规划提出整体保护旧城，将旧城保护范围扩展到明清时期北京护城河及其遗址以内（含护城河及其遗址）的城市区域，重点保护旧城的传统空间格局与风貌。内容包括传统中轴线、“凸”字形城郭、皇城、历史河湖水系、原有的棋盘式道路网骨架和街巷、胡同格局、平缓开阔的空间形态、重要景观线和街道对景、传统建筑色彩和形态特征、古树名木及大树、北京特有的“胡同—四合院”传统的建筑形态十个方面。其中南长街、北长街、西华门大街、南池子、北池子、东华门大街、文津街、景山前街、景山东街、西街、后街、五四大街等都属于皇城文化保护区。①

皇城保护除政府规划外，近些年有大量的民间力量如“老北京胡同拍记队”“胡同民间艺术馆”等参与胡同的保护。他们热心于传统文化的保护，通过照片、文字等形式使公众了解胡同文化、保护胡同文化。

因此，胡同在空间上的存在，是国家力量对文化保护的结果。生活在胡同里的人，尽管年老，失业或无业，或因居住空间狭隘而带来一系列诸如家庭结构的断裂等问题，但整个社区依然秩序井然。那么，是什么保证了胡同居民在失业，或无业状态下的生存和生活呢？

二 福利政策的保障

除了有底线的住房保障外，胡同居民作为北京市民，都可以享受到底线保障。如在养老方面，北京市《城乡居民养老保险》规定，凡具有北京市户籍，男年满 16 周岁未满 60 周岁、女年满 16 周岁未满 55 周岁（不含在校生），未纳入行政事业单位编制管理或不符合参加基本养老保险条件的城乡居民，都可

---

① 北京市规划委员会：《北京城市总体规划》（2004—2020）（http：//www.cityup.org/case/general/20070907/32261.shtml），2010 年 9 月 8 日。

以参加城乡居民养老保险。城乡居民养老保险待遇由个人账户养老金和基础养老金两部分组成。基础养老金标准北京市统一为每人每月280元。基础养老金所需资金由区（县）财政负担。此外，《北京市人民政府办公厅转发市民政局市残联关于北京市市民居家养老（助残）服务（“九养”）办法的通知》（京政办发〔2009〕104号），规定建立居家养老（助残）券服务制度和百岁老人补助医疗制度。向符合条件的老年人、残疾人发放养老（助残）券。具有北京市户籍的80周岁及以上老年人、60—79周岁重度残疾人，16—59周岁无工作重度残疾人均可在居住地申请每月100元的居家养老（助残）券。除养老方面的保障外，北京市的最低生活保障标准也有所提高。2011年1月1日《关于调整2011年本市城乡低保标准的通知》，将城乡居民最低生活保障标准由家庭月人均430元上调为480元。另外，北京市基本实现了全民医疗保险。除城镇职工医疗保险外，亦有居民医疗保险。根据《北京市人民政府关于印发北京市城镇居民基本医疗保险办法的通知》（京政发［2010］），参保人员门诊起付标准650元。第一次住院的起付标准为1300元；第二次及以后住院的起付标准均为650元。起付标准以上部分由城镇居民基本医疗保险基金支付60%，在一个医疗保险年度内累计支付的最高数额为15万元。

除福利政策外，具有北京市户口的居民还可以申请大量的民间项目，如“北京市妇女创业小额担保贷款”项目、“北京青年创业小额贷款担保基金”、“北京市下岗失业人员小额贷款担保基金”等。在日常开销方面，居民也能获得一定的补偿，如2009年“煤改电”后，根据《北京居民住宅清洁能源分户自采暖补贴暂行办法》，“煤改电”用户由工作单位给予补助，每人最低可领取900元的采暖补贴，而低保户、失业等困难居民，无法领取单位补贴，则可以享受每度电0.2元的政府采暖补助。另外，由于平房产权比较特殊，有混合单位房、公房、私房等产权，暂时没有交给物业管理，所以，胡同居民不需要交物业管理费。而且，胡同周围服务设施齐全，北京又是居民区和商业区不分的一个城市。大多数居民工作单位也在城里。因此，相比住在城外的居民，胡同居民在交通费用上也省了不小的开销。

总之，因为具有北京市户口，部分老胡同居民尽管受失业、无业等方面的困扰，但通过福利政策的调节，他们的收入依然能够达到基本生活需求。

三 胡同居民的文化体系

19 世纪中叶英国人类学的代表人物泰勒所著的《原始文化》第一次为“文化”写下了一个定义：“文化是一个复合的整体，包括知识、信仰、艺术、法律、道德、风俗以及其他人们作为社会成员所获得的一切其他能力和习惯。”[①] 自泰勒提出第一种科学的“文化”定义以来到 20 世纪末，已有几百个关于文化的定义。有学者根据文化的结构和范畴把文化分为广义和狭义二类。广义文化包括物质文化、制度文化和心理文化三个方面。物质文化是指人类创造的种种物质文明，包括交通工具、服饰、日常用品等，是一种可见的显性文化；制度文化和心理文化分别指生活制度、家庭制度、社会制度以及思维方式、宗教信仰、审美情趣，它们属于不可见的隐性文化。狭义的文化是指人们普遍的社会习惯，如衣食住行、风俗习惯、生活方式、行为规范等。[②] 笔者在本章提到的文化兼指狭义的文化。胡同居民是靠怎样的文化维持他们的生活状态的呢？老舍在其作品《茶馆》中的几个人物其实把北京人的文化基本描述了出来。“遛鸟”“喝茶”“莫谈国

① Edward B. Tylor, *Primitive Culture*, London: John. Murray, 1985.

② H. H. Stern, *Issues and Options in Language Teaching*, Oxford: Oxford University Press, 1992.

事”“甩闲话”“快快升官发财”“不被外人欺负”“孩子们有出息、饿不着，没灾没病!”等。现在的部分胡同居民，虽然收入并不高，但在消遣方面，他们一点没比前辈落后。遛狗、遛鸟、养蛐蛐儿依然是他们的兴趣爱好。胡同里几乎每家都有一两种宠物，尤其以狗为盛，他们不一定养名贵的狗，只要自己喜欢，就养一两只，可以在遛狗的同时和邻居交流，甩闲话，谈国事。言谈之中，他们对“升官发财”充满憧憬。比如“××领导把后面那块地买了，才这个数（伸出几根手指），我认识×××，你们想买地我托人帮你问问”。事实上，他清楚你不可能买，他自己也不可能去问问。但是，中国有几千年封建王朝的历史，北京作为几代王朝的首都，一直都是个封建的消费性城市，在这样一个大的文化背景下，它滋养出一批人，他们一定懂得消遣，而且，要了解国事。至于疲于奔命，不是他们的文化。他们和费孝通先生描写的少数民族的生活状态有些相似。“少数民族容易满足于比较简单低下的生活水平，解放后消灭了剥削压迫，关上门过自己的田园生活，精神状态是宁静的，自足的。”①

另外，他们的消遣文化也能带来一定的收益。比如，三轮董在门外挂了他养的鸟、蝈蝈等，虽然他挂上去不是为了做生意，只是自己的兴趣使然，但有时胡同游的游客会看上他的鸟笼。如果他们愿意出比较高的价钱，三轮董也会将笼子卖掉。另有居民偶尔会把玩一下“古董”，有时胡同里人们会一起研究某个居民从潘家园淘来的“物件”，这个说真，那个说假，场面十分热烈。总之，谈历史、谈政治、谈文化多数居民都很擅长。而且，他们十分懂得自得其乐。

另外，胡同居民生活状态的维持还得益于一个群体，即胡同里低收入的外地人。

① 费孝通:《费孝通谈缩小差距》,《民族团结》1986年第7期。

第二节　胡同里的差序格局

可以说，北京是个移民城市。据1929年《北京市统计公报》统计，北京内城人口共计919887人，北京籍贯的人口只有386075人，不到1/3。今天，北京市常住人口2000多万人，而拥有户口的北京居民不到850万人口。① 大量外地人口在北京从事批发和零售业、制造业、建筑业、住宿和餐饮业以及其他行业。流动的外地人口使北京的租房产业经久不衰。从高租金的别墅、四合院到低租金的简易房的出租生意，基本都是卖方市场，由各种外地人口支撑。这一产业养活了靠房租生活的北京人。

北京房子低租金的社区主要有两种类型，一类是所谓“城中村”，一类是市中心的胡同。占据这两种低租金市场的租客，在郊区“城中村”的主要是外地人，他们大多数受过高等教育，时下称“蚁族”。市中心胡同的租客，主要有两种，一种是本地人，他们因拆迁而就近平移；另一种是低收入、低学历的外地人，他们住在社区，几乎占领了整个社区的服务业市场。

如果说外国人住进胡同是为了体验胡同里浓郁的北京文化，那外地人住进胡同首先是因为在胡同生活成本低，房租相对低，工作便利。在大杂院租一间10平米左右的房子600—800元，大一点能住得下一家人的1000元。住在胡同的外地人多数就在本社区或社区附近工作。开小饭馆、卖菜、卖水果、收废品、从事保洁或保姆等工作，总之，他们的生计就在胡同。他们干了皇城根儿不会有人问津的脏活、累活、差活，挣了本地人想挣但又不情愿挣的钱。

---

① 北京市统计局网站：http：//www. bjstats. gov. cn/nj/main/2010 – tjnj/content/mV38_ 0301. htm。

一　胡同里外地人的生活

（一）地缘对外地人的重要性

外地人来北京打工，首先找老乡，没老乡的找工地，年轻的找饭店做服务员，商场做售货员，年龄大的做清洁工。在笔者调查的社区居住的外地人所从事的工作有地域差异。做买卖的，如卖水果、卖菜、开小店等外地人多来自河北；做清洁工、小时工的多来自安徽。做手艺活的如裁缝、修鞋匠等来自四川。住在一起的老乡们经常互相介绍工作、经商的机会。比如一家卖菜的小商店旁边又开发出一间店面，卖菜的凭借他对市场的观察觉得那个店面可以经营早点，就会通知他有这方面打算的老乡租下那家店面。两个老乡在一起，可以互相照应。

笔者调查的 LZK 胡同口原有两家卖菜的摊位，一家河北人经营，另一家先是山东人经营，后来一个安徽人经营，都先后倒闭。菜的来源一样，价钱一样，但生意却有好有坏。原因是附近的几家小饭店都是河北人开的，他们都买自己老乡的菜。挨着菜摊开小卖店的，卖凉皮的也都是河北人，自觉不自觉的他们已经形成一个产品链。重要的是，胡同里的北京居民，有很多人祖籍就是河北，他们对河北人的认可自然要高于对其他省份的外地人的认可，买菜时也会经常光顾河北人的摊位。这样，在卖菜这个市场的竞争中，河北商贩就胜出了，另一家卖菜的地方现在成了一个小建材商店。

地缘除了在商贩们中间有很重要的作用，在服务业市场中也很重要。比如，安徽人做保洁、保姆工作的很多。整个社区的厕所保洁工作几乎都是安徽人来承担的，一旦保洁的位置上出现空缺，他们会马上通知自己正在找工作的老乡来做。笔者认识一个安徽阿姨，她做小时工已经 5 年多，现在每小时最低收入 15 块钱，有许多老雇主经常找她，最高的每小时出价 25 块钱。她的时间表每天都排得很满。她没时间做的工作就介绍给她的老乡。

她有几个固定的雇主，忙不开时会和雇主打招呼让她的老乡去顶替她一天。她从来不担心失业，她的丈夫曾有过短暂的失业，但马上又被老乡介绍去做别的工作。他们彼此介绍工作都不求回报，这次你给他介绍，你没工作时，就有人给你介绍了。他们中间有谁回老家带来家乡的特产，也会互相分一分。所以，他们经常可以吃到家乡的味道。地缘关系将这些在北京的外地人紧密地捆绑在一起，使他们获得了在城市的缝隙中生存的机会。

（二）收入的保障：时间和体力

外出谋生，不管是做小时工还是做小生意，赚钱主要靠两点：一是长时间的工作；二是要有健康的好身体。虽然《社会保险法》和《劳动法》都规定了劳动者的权利，但有法不依法相当于一纸空文。由于外出打工或料理生意，他们中很多人甚至没有参加当地的农村合作医疗，原因之一是相信自己身体还不错，二是即使有病，他们也不会回家去治，所以如果不是村里出钱统一交纳保险，他们也就不会加入。另外，他们常年在外，村里如果没有亲人通知交纳保险的时间，他们有时就错过了。而在北京由于工作的不固定，他们几乎没有任何保险。所以，对他们来说，挣钱、存钱就是最大的保险。

对于在胡同生活的这些外地人的详细收入水平，笔者很难获得，收入是他们的商业机密之一。尤其是经营小生意的外地人，不管问哪一家，都说一天平均几十块钱，但房租、一家人的伙食，小孩教育等开销过后其实就没什么结余。按照人的基本理性，没有结余的工作他们也不会坚持做下去。所以可以肯定这些外来人口能够赚一些钱，但即便赚钱，他们的途径也无非是长时间的工作加上对自己体力的透支。

案例 1　Z 某和丈夫都从河北来北京打工，在胡同口租了一间小店卖菜。有两个孩子，女儿在老家上中学，儿子跟着他们住在北京，在附近学校上小学。Z 某家有一辆小面包车，用来拉菜有时也帮别人拉货。丈夫早晨 4 点起床到新发地批发蔬菜，7 点左右回来，将菜价报给Z某后回家睡觉，下午4点出去替Z某班。Z某回家给孩子做饭，然后到美术馆后街给一个老人做饭，打扫卫生，去一次20块钱。回来后继续守着摊位，因为附近的饭店、麻辣烫摊位随时会买一点儿菜，他们通常晚上10点钟才收摊。Z某和丈夫每天至少工作15个小时。挨着Z某的小超市，凌晨2点才关门，早晨6点又开始营业。

Z某说他有很多老乡都是卖菜的，有的在公寓式的小区，但在哪儿经营辛苦几乎都一样，收入也差不多。对他们来说，最大的花销就是租住房、门市或摊位。一般为了方便在哪儿卖菜他们就住在哪儿了。如果在小区卖，就得租楼房，即便跟老乡合租一个月最少也得1200元左右。为省钱他们就住地下室，而现在地下室也涨价，条件又不好。所以有人就选择到平房区租平房住。但那样就不方便了，不但路上浪费时间，还没法做饭。Z某在胡同里卖菜，房租不算贵，居住条件比地下室要好，还方便。所以，在能承受得起店铺租金的情况下，Z某会一直在这个胡同卖菜。

Z某租的房子月租金600元，房子不是砖木结构，是保温板做的，室内冬冷夏热。冬天必须铺电热毯，烧电暖气，儿子做作业也在床上。夏天开着风扇，晚上睡觉从不关门。Z某说他们的房东除了比她多了房子出租外，什么都没有。60多岁一个老头，每月挣2000多块钱工资，财产只有一间房子，出租的简易房原则上并不属于他的财产。老头有心脏病，经常住院，没有人管他，Z某和丈夫倒是偶尔帮助他。Z某说北京人就比他们多户口、房子和社会保障。没了这些，他们没准都生活不了。Z某看不起胡同里的居民，认为他们又懒，又喜欢装模作样。

外地人在胡同里生活，除了需要长时间的工作外，更重要的是卖力气，他们做的基本是体力活。有些人几乎从不给自己留休息的时间，像陀螺一样到处打工。

案例2　王某，43岁，女。早晨在隆福寺早市打扫卫生，每月600块钱。中午做小时工，每月800块钱并在雇主家吃饭。下午打扫厕所后回家做饭，清扫厕所每月1400元。晚上6点到8点做小时工，每月800块钱。十点以后为一家公司看门并打扫卫生每月1200元。各项工作总收入4800元。租房子每月600块钱。菜几乎不用买，早市上小贩有时送点不太好卖的菜，有时她自己也买一点，但很便宜。其余开销一个月差不多500块钱，她说自己挣的钱几乎都可以存下来，丈夫是清洁工，白天、晚上各上一个班，一个月能挣2000多元。房租、家用和他自己吸烟足够了。儿子也在北京打工，一个月1500元，交了女朋友有点不够用，他们偶尔会给一点。他们给儿子在老家镇上买了房子，21万元，房款一次性付清。但存款全没了，他们要再干几年，挣装修的钱，给儿子娶了媳妇后就不这么拼命干活了。

像王某一样拼命工作的外地人很多，她说，不管自己每天打几份工，不同的雇主只关心她为他们做的那一份工作。尤其做小时工，给两小时工资，就一定安排了两个小时的工作。有时自己很累了但不敢告诉雇主，怕因为自己干的活太多而被辞退。她说必须趁年轻的时候挣点养老钱，她并不指望她的独生子养老。王某选择胡同是因为胡同里的厕所。她有一个老乡在附近的社区打扫厕所，虽说挣钱不多，但也不累，而且住在厕所旁边的管理室还省了房租。她和丈夫觉得这样的工作不错，就在老乡的介绍下开始打扫厕所，但并没有得到住厕所边上管理室的机会，就在胡同里租了间房子。仅打扫厕所一份工作收入太低，她有空的时候出去打别的工。社区有个小公司，她去给公司打扫卫生，后来周末给老板家打扫卫生，慢慢地就进入小时工的队伍了。在胡同里打工、生活时间长了，社区服务中心的人也认识了，经常给她打电话介绍工作。王某说现在是老年社会，老年人请小时工的特别多。她的雇主有两个都90多岁了，平时一个人在家。王某说他们有钱、有房子，但孩子忙没有时间照看他们，就算死在家里都不一定有人知道。她并不羡慕他们的生活，觉得他们太孤独，生活质量甚至不如他们村的老人。

因为笔者访谈的很多外地人都与厕所结缘或结过缘，笔者不得不介绍一下胡同里的厕所。公共厕所是北京市市容环境的一部分，在城市规划的过程中，本着便民的原则，胡同建起或翻新了大量公共厕所，几乎每个胡同口两端都有厕所，如果胡同长的话，中间也有，对于大部分居民来讲，家门口到厕所不会超过100米。北京市有专门的公共厕所管理办法①，对公共厕所的卫生等方面都做了要求，也规定了产权人、管理人、使用人之间的责任。厕所要保持卫生，就需要有人打扫。但这种清洁工作本地人不愿意做，工作机会都给了进京打工的外地人。

另一个也从事过这项工作的安徽人说，2002年她和丈夫来北京，2006年儿子高中毕业也来北京打工。来京后他们做过各种事情，自己经营过小饭馆，丈夫在工地干过小工，她当过小时工，两人都在各种公司做过清洁工。但最让她感觉惬意的是打扫厕所的工作。厕所都是冲水式的，没有那么脏。有的厕所门口有约8平方米的休息室，负责打扫厕所卫生的人可以临时在那里休息，通常他们会以厕所管理员的身份在那里居住。一般一个人负责两个厕所，夫妻俩一起干，负责四个。如果走走关系获得在休息室居住的权利，夫妻的住宿问题也算解决了。他们规定的上班时间是每天16个小时，但实际上用不着16小时都守在厕所边上清理卫生，所以，4个厕所的劳动量基本一个人就可以胜任，解放出一个人去打别的工。一般丈夫干清洁厕所的活，妻子再找保姆、小时工等工作做。这位安徽夫妇打扫了3年多厕所，住不用担心，每月两人能领2000多元工资，外面打工再挣2000多元，所以住厕所管理室这段生活是她来北京最美好的日子，她说连北京人都羡慕，只是他们不肯屈尊去做。因为北京人全家挤几平方米

---

① 《北京市公共厕所管理办法》(2008)，http://baike.baidu.com/view/2780450.htm，2010年11月5日。

的也特别多。有的北京人说他们的工作特别好，不累还挣钱。他们就说，你们想得到这样的工作机会比我们容易多了，你们为什么不做。北京人说，我们不能做，我们做了在街坊面前抬不起头来，孩子在外面也抬不起头。

胡同里的外地人通过榨取自己的时间和体力在胡同里谋生，而低收入的胡同居民并不屑于这种工作，有工作能力的低保对象对这类工作也不会问津。2011 年城镇低保标准由家庭月人均 430 元上调为 480 元[①]，而应该由低保对象参与的公益劳动，如卫生等基本都外包出去了。2009 年城镇社区服务设施从业人数为 22 349 人[②]，没有公布本地人和外地人的比例。但从笔者调查的社区来看，服务设施的从业人员基本都是外地人。如果不讨论文化、价值观等，福利依赖是社区居民拒绝这些工作的首要因素。

另外，北京人讲到干清洁工的工作会让自己和孩子都有压力。的确，中国人讲究面子，生活在熟人社会里，每个人都对自己或对方有个最起码的心理预期，或者说知道对方对自己的预期是什么。比如，作为皇城根儿，打扫厕所不是对方对自己的预期。那样面子上不好看，而且会觉得自己的声望会受到某种程度的损害。[③] 费孝通先生纪念潘光旦先生诞辰 100 周年座谈会的讲话题目是《推己及人》，他讲到潘先生那一代知识分子很多人首先是从己做起，要对得起自己，怎么才算对得起呢？不是去争一个好的名誉，不是去追求一个好看的面子，这是不难做到的。可是要真正对得起自己，不是对付别人，这一点很难做到。考虑一个事情，首先想的是怎么对得起自己，而不是做给别人看，这可

---

① 北京市民政局：《北京市民政局北京市财政局关于调整 2011 年本市城乡低保标准的通知》，（http：//bjshjz. bjmzj. gov. cn），2010 年 4 月 29 日。

② 北京市统计局：《北京统计年鉴》（http：//www. bjstats. gov. cn/nj/main/2010 - tjnj/index. htm），2011 年 4 月 29 日。

③ 胡先缙：《中国人的面子观》，载黄光国《人情与面子：中国人的权力游戏》，中国人民大学出版社 2010 年版。

以说是从“己”里边推出来的一种做人的“境界”。[1] 虽然这里讲的胡同人的面子和费先生的面子是有区别的。但是，在胡同人能否接受清扫厕所的工作这件事情上，胡同人的确是为追求一个好看的面子。可能也正是因为这种原因，才使这些低学历的外地人有了就业的空间。对于他们来讲，能在城里谋生，并能拥有一定的储蓄要比莫须有的面子更为重要。

总之，面子作为一种复杂的社会心理现象，既涉及个人的主观判断，又涉及来自他人、社会的客观评价，面子既与个体的尊严有关，又与其在社会中所扮演的角色相联系。它既是一种心理建构也是一种社会建构。[2] 林语堂认为面子是一种可以“得到”、可以“丢掉”的心理，并将“面”与“命”“恩”结合称为三个不变的中国法则，它们是中国社会等级观念与等级内平等的观念所产生的社会行为规范。[3] 的确，时下的胡同居民，依然是以皇城根儿自居，作为在城市里有根的人，他们观念里并不将自己等同于外地人，但生活上又依附于这些人。同样，在胡同里生活多年的外地人也试图将自己变成北京人，而体制和房子还是将他们排除在外。

二　外地人和胡同居民的关系

讲到关系，免不了亲疏远近。亲疏远近的客体，就是每个个体人。这里先将胡同里的人分类，然后再研究他们的关系。胡同里居住的居民可分为两大类：一类是胡同北京人；另一类是外地人。外地人又分几类，一类是20世纪90年代初就来到胡同的老外地人；另一类是2000年以后来胡同的新外地人，这些新外地人又分为两类，一类在胡同从事体力劳动，如清洁工

---

① 费孝通：《推己及人》，《读书》1999年第12期。

② 王轶楠、杨中芳：《中西方面子研究综述》，《心理科学》2005年。

③ 林语堂：《中国人》，郝志东、沈益红译，学林出版社1994年版，第199—206页。

或者做小生意的外地人，笔者称他们为蓝领外地人，另一类类似于蚁族，胡同并不像唐家岭、肖家河等是他们的聚居区，笔者将他们称为“散蚁”。胡同里的老北京人和这些人关系的远近都是不一样的。

（一）老外地人和胡同居民

胡同里有少数外地人20世纪90年代开始就来胡同生活了，修鞋的拐子、卖水果的老王、工人刘头、给公司看门的老骆夫妇等。他们都是20世纪90年代从河北或东北来。彼时的北京在经济维度上正在发生重要变化，一是以产业结构升级为标志的经济结构的变化，二是经济制度的转型。产业结构升级主要是通过全力发展高端产业实现的，作为一种伴生现象，大量传统产业的就业岗位在这一过程中消失；就经济制度的转型讲，破除收入平均化和企业对职工的就业保障是经济制度转型的重要条件。这两种经济领域的变化在社会维度的影响是共同的，都造成了社会阶层的分化并导致了社会结构的重大变化。[①] 大量胡同居民在经济转型的过程中下岗，尤其是历史的特殊群体“老三届”。下岗后部分人开始做生意，或干起了出租车司机。有的人做生意就请一个自己在外地的亲戚或下乡时结识的乡亲帮忙，而外地人也愿意在权力和资源集中的北京尝试一下，如今他们作为老外地人，虽然说话还不能算北京腔，但“儿”话音和“他妈的”他们运用自如，真正的老北京人却认为，“他妈的”其实是移民带来的话，北京人是不说脏话的。

案例3　刘头做过一个包工队的小头目，并且就在巷子里施过工。当时大家都叫他刘头，这个名字就这么叫开了。他1994年来北京，经人介绍和一个正在创业的北京人干建筑行当，后来做建材生意。那个北京人先前就住在JX社区，刘头也在社区租

① 叶立梅：《论20世纪90年代以来北京经济领域变化的影响》，《北京社会科学》2006年第2期。

了一间房子。有时那个北京人会鼓励刘头一起投资，但为了规避失败的风险，刘头只拿工资不投资，不入股。生意后来做好了，北京人开始置业，买平房，买公寓，刘头还是拿工资，他其实没有多高的技术，但人品好，那个北京人信得过他。2001，生意开始不好做了，北京人将生意放弃开始出租房子，收房租，刘头并没有因此失业，他介绍刘头到亲戚的饭馆帮忙。现在刘头仍住胡同，家乡孩子们大了都来北京打工，没有稳定的家让他很苦恼。他有时也说，他北京老板能买十间房子的时候，他至少可以买一间，但没那个眼光，到现在还是一个打工者。

刘头来北京的时候，本地人和外地人的界线还不那么明显。而且住在一个大杂院里，刘头还经常帮邻居们盖房子或者修东西，所以他很受欢迎。即便他的北京老板不做生意了，依然把他安排到亲戚的饭店。后来，刘头的儿子、女儿来北京打工，邻居们还帮助介绍工作。刘头现在偶尔能在外面接个小活，他就叫他的老乡一起和他去干，饺子馆也给他准假。作为第一批来胡同的外地人，因为长期在胡同生活，胡同里的北京人逐渐将他们接纳了。

案例 4　推三轮车卖水果的老王，河北人，20 世纪 80 年代末就来北京了，刚来北京和人合伙做小买卖，最辉煌时在王府井开过水果店。开始也挣了一些钱。他来北京就住在 JX 社区，和北京人打交道，后来老婆孩子都接过来，真准备在北京安家落户了。他说 1992 年家人都来了，想买房子，那时胡同里的房子一间 5000 块，能买得起了，但是买了房子就没了做生意的本钱，心想多赚点钱以后再买。哪能想到房子涨价那么快，当初 5000 块的房子现在 50 万。2000 年以后生意不好做了，和他一起做生意的北京人都回家了，他也跟着临时休息，寻求机会，但依然在胡同租房住。过了 2 年，老王待不住了，没有房子，孩子上大学要花钱，老婆也没有工作，关键是坐在家里的北京哥们儿有的有低保，有的已经开始领退休工资了。他作为一个外地人，没有这些福利，也没有保险，生活所迫，他开始推三轮车卖水果。他的水果摊旁经常会聚几个北京人一起聊天。

老王卖水果，不短斤少两，哪种水果不好卖，正好有人买，他就顺便送点，老王的水果不会因为卖不了而坏掉。人们愿意照顾老王的生意，部分是他人好，也能聊。还有个原因是他和这些胡同人有过共同的经历，他们都是下海一番折腾后被海浪推到岸上的人。他和北京人对下海的认知是一样的。他们说，最后发现普通人下海也干不了什么，没经过商，不具备头脑或经验，也没靠山。都说早期下海的挣钱，最后你看看什么人挣钱，不是普通人，走黑路的人挣钱，有背景的挣钱。普通人挣点辛苦钱。老王现在又回到挣辛苦钱的路上，而他的北京伙伴因为有保障而不用像他一样辛苦。

总之，像老王、刘头这样的人，他们在胡同生活久了之后对胡同有了生存和人际上的依赖，几乎不考虑择他地而居。又比如修鞋的拐子，他搬过三次家，但都在胡同，胡同里的人修鞋基本都找他。另外，从年龄上，他们又和现在留在胡同的北京人几乎是同时代的人，有过共同的经历，所以他们彼此基本上都能够接受对方。但对新外地人，胡同人还是排斥的。

（二）新外地人和胡同居民

城市化将大量的外地农民或吸引或赶到不同的城市，丰富的城市生活也使多数接近它的年轻人不愿意离开。大量的农民工和知识青年分布在城市不同的行业领域，给北京人的生活空间和就业市场都带来挑战。北京人觉得北京是他们的北京，外地人是鸠占鹊巢；而对于外地人来讲，北京是大家的首都，留下也是合情合理。就胡同而言，胡同人没有将早期来的外地人当外人，但他们并不接纳新外地人，可在生活上，他们又依赖于这些外地人。如上文提到的，社区的服务基本都由外地人来提供。在提供和享受服务的过程中，胡同人和所谓的蓝领外地人在进行紧密的互动。

另外，胡同里老人多，未婚的成年人多，但是孩子少。在胡同碰到的孩子多数是外地蓝领们的小孩。笔者采访过子女最多的外地人是一对卖水果的夫妇，他们目前已有四个孩子，老大 7 岁，女儿，老二、老三是一对双胞胎女儿，5 岁，最小的一岁多，也是女儿。他们租房子的那个院一共四户，三户是外地人，一户北京人。北京人那一户只有一个女主人，男主人去世，女儿出国，她另外有房子，只偶尔回来看看。其他两户，一户是卖菜的，有两个孩子；另一户是一个父亲带女儿从河南来北京上学。胡同里安静，闹腾的只有外地人的孩子和北京人的狗。有时小孩在胡同里打羽毛球或踢毽子，老人们坐轮椅在门口看，也是很美丽的风景。

由于服务和被服务的关系，北京人和蓝领外地人之间的互动比其他外地群体和他们的互动更为频繁。一个小时工阿姨马某，她在胡同里和胡同附近给 6 户人家做小时工，她的信息极为广泛。比如，她每周去一次黄某家，黄某开一个网店，卖玉器；她在另一家做工时，听到那家女主人想买玉坠，就主动帮她从黄某那里要来一个宣传单，帮助促成生意。又去另一家做事时，另一家说需要买点盆花，马某帮助联系和她住一个院，做室内花卉养护的邻居。后来人们慢慢觉得生活上离不了马某，除了工作之外，她在做免费的中介服务，让大家都方便。

但胡同人和蓝领们的冲突还是存在的，比如，一个清扫厕所的安徽阿姨慢慢发现总有个别居民故意弄脏厕所，有一次她建议一个上厕所的北京人不要将纸乱扔到便池外面，那个北京人不但不听建议，还骂她不知好歹，北京人不提供给她工作机会她得饿死。安徽阿姨也不示弱，说她是北京人有什么了不起，没有外地人得臭死、脏死。唇枪舌剑，难分胜负。在胡同工作的外地人说，北京人太有优越感。分明住一个院，他看你过来会故意把头扭过去不和你说话。包括居委会的人，人口普查前居委会有人口普查动员大会，在一小块空地上举行，中间还安排了一些游戏。参与的人都有奖品，他们肯定挑好的给本地人。奥运会的时候，有时组织参观奥林匹克公园，也都是本地人去。总之，有什么好事都是本地人优先。我们也不争这个，但是，我们也是凭力气干活，凭本事挣钱，吃穿用和他们一样，他们不也是一家在小房子里挤着吗？就因为有个户口就看不起人？那我们也不羡慕，我们还看不起他们好吃懒做，装病骗低保。总之，因为户籍制度而产生的福利差异，让胡同里的这些外地人感到不平衡。虽然他们并非从事高收入的职业，但他们对部分胡同居民的不劳而获充满反感。而部分北京人也真以自己是皇城根儿自居，觉得这些蓝领外地人低人一等。人总是通过社会比较来认识自我，[①] 北京人强烈的皇城根儿的意识可能也是通过和外地人的对比得到了强化。

（三）胡同居民与“散蚁”

《蚁族》一经出版，反响强烈。书中将“蚁族”定义为大学毕业生低收入聚居群体。因为这个群体和蚂蚁有许多相类似的特点：高智、弱小、群居。[②] 生活在胡同的另一类新外地人，笔者在上文中称他们为“散蚁”，除不群居外，其他特点和蚁族相同。他们多数因为工作原因而选择胡同，更重要的是胡同里的简易房相比胡同的位置性价比较高。虽然住在胡同，但他们几乎不与胡同居民或周围的其他外地人发生任何联系。平时忙于工作，周末除睡觉外，他们或宅在屋里上网、看电视，或与工作中的朋友、同学交往，唯一和他们发生互动关系的是房东，而且仅局限于收缴房租、房屋漏雨等直接与房子相关的事务。他们是最不被胡同居民认可的外地人。

案例 6　CH 胡同 1 号的住户大多数还是以前的老住户，但

① ［美］戴维·G. 迈尔斯：《他人即地狱：人际冲突的源起与化解》，张智勇等译，人民邮电出版社 2006 年版，第 31 页。

② 参见廉思《蚁族——大学毕业生聚居村实录》，广西师范大学出版社 2009 年版。

是，近几年不断有外地人在院里租房子。有位女性居民说，你要想了解我们北京人，就等春节的时候，平时看到的，不一定是我们北京人。住在一个院里的你看看，晚上电视声音开低，说话声音放小的，一定不是外地人，是我们北京人。外地的小年轻，晚上两三点钟在院子里打电话，声音那么大，把我们都吵醒了。我说小伙子，你怎么不在屋里打？他说屋里的人睡觉，他怎么不想整个院儿的人都在睡觉？打扑克打到深夜、喝酒喝到深夜的，多了，我们北京人这样做吗？不做。所以，不要轻易评价我们北京人，外地人把我们的形象，把我们的文化搞坏了。以前，我们夜不闭户，现在行吗？谁惹的祸？以前我们谁家改善一下伙食都会给老街坊送一点过去，现在我们也疏远了。门一定得上锁，窗户上防护窗，能不远吗？就是这帮外地人搞的。

同院儿居住的人也应和说，北京人其实很热情，最初都拿外地人当客人。因为这是北京人的文化，自己受委屈，也要招待好客人，但外地人什么坏事都干，让他们不得不小心一点。

接受过高等教育的年轻人也不买北京人的账。他们认为当地人只是地域优势的受益者，自己并没有做任何努力。他们因为懒惰或者没有能力才不能离开胡同。这些年轻人住进胡同就以一个外人的身份进来，他们并不打算与当地人相处，走进当地人的世界。他们与房东进行简单的交易行为，交易终止，关系即结束，现代社会的个体化，关系的临时化，显现得淋漓尽致。房东之所以接纳他们作为租客的一个重要原因是他们没有孩子，不会因为孩子哭闹让自己的街坊反对自己出租房子。另外，他们多数都有工作，房子只是睡觉的地方，这会给房东节省很多麻烦。但如果年轻人过于闹腾，街坊会向房东抱怨，房东也会积极维护邻里关系和邻居利益而向他的年轻房客下逐客令。

总之，不管是哪一类外地人，住进胡同，都与胡同居民发生着这样那样的互动，只是程度不同而已。在互动的过程中，本地人和各类外地人的关系是不一样的，而外地人和外地人之间的关系也存在差异。

（四）成为“北京人”的外地人

2002年，马戎和林南两位学者在关于社会发展的一次谈话中，讨论到美国黑人和白人的通婚。黑人、白人通婚的研究中，有些学者总结出一种“上嫁”（Marrying up）模式，来表示黑人、白人通婚中数量最多的一种类型：地位高、收入高的黑人男子娶地位低的白人女子。在这种通婚中，白人女子满足于经济地位的提高，黑人男子则可炫耀自己娶了白人。白肤色本身成了具有某种社会“价值”的东西，白人女子凭借自己的肤色达到了“上嫁”，从社会地位上讲她属于稍微低一点的。而黑人男子娶地位比较低的白人女子可能使他更容易得到白人社会（主流社会）的某种认同。二位教授都认为这可能是一种资源的双向交换，白人女子得到的是经济资本，马上可以提高自己的生活水平，而黑人男子得到社会资本。其中女性处于弱势的时候，她就可以通过婚姻触及那些资源。但是女性的弱势是有这个问题的，这是个社会性很强的问题。①

笔者上一章关于胡同居民的生活中，提到胡同居民因居住空间拥挤，职业不稳定，收入低等客观因素造成单身或高离婚率。而与此同时，一个群体慢慢走进了胡同居民的家庭，他们就是嫁给胡同居民的外地人。虽然用上文的种族通婚的观点去解释他们这种婚姻现象会有牵强，但外地人和本地人的婚姻亦存在一种交换关系。

案例7 安徽小时工王，丈夫是北京人，比她大14岁，离过婚且有一男孩。和她结婚后，两人又生了一个女儿。她们有两间南房自己住，一间简易房出租。租金每月300元（非常简易，仅能容一张床且非常低矮，有点像煤栈）。王的丈夫是低保对象。访谈中王说，自己外出打工多年，辗转了很多地方。年龄越来越

① 林南、马戎：《漫谈社会学和社会发展》，《社会研究》2003年第4期。

大，也越来越不好找对象，回老家更找不到。来了北京，感觉北京人不用干活就能生活，后来认识了现在的丈夫，觉得挺成熟，挺能聊，还有房，就结婚了。结婚之后才知道日子并不好过，她没有工作，丈夫一个月几百块钱收入，孩子上学还有花费。没办法，她只能像以前一样打工。即使在女儿的哺乳期，她也出去做小时工。但她丈夫并没有工作的打算，她说嫁给丈夫有点像去他家做保姆，现在和以前唯一的区别是不用租房住了，生活质量并没有提高。她本以为结了婚可以转户口的，现在也转不了，有点失望。

像王这样嫁入胡同的外地人并不少，她们通常比丈夫年轻，也有自己的收入，嫁北京人的部分原因是用婚姻改变自己的身份，至少下一代的身份。比如商场工作的赵某，丈夫是一个公交车司机，收入并不及她。结婚 8 年了，赵某的户籍依然没有转到北京，但是，他们的女儿是北京户口。目前，配偶转北京户口的政策是结婚满十年、年龄达到 45 岁，要两个条件同时满足才可以申请到北京户口。赵某觉得自己能申请到更好，申请不到暂时也无所谓，至少孩子上学不会因户口问题而耽误。另外还有自由职业者李。李是广东人，她之前在北京一家物流公司打工，丈夫是物流公司的司机，李的丈夫挣钱并不比她多，而且还比她大好几岁。当时追求她的人挺多，论条件丈夫并不是最好的，但他是北京人。李说她嫁个和她一样收入的外地人，他们下辈子都买不起房子，而丈夫在胡同里有一间房子可以供他们结婚用。婚后他们一直没有要小孩，李说一间房子空间太小，养不了小孩。目前她和丈夫准备回广东看看有没有发展机会，若有他们暂时就不回北京了。胡同里嫁给北京人的还有理发店赵，没有工作的牛某等，牛某以前在胡同里租房子，没有固定的工作，她以“第三者”身份进入了一个普通北京人的家庭，丈夫大她 12 岁，有孩子。

笔者在胡同没有遇到外地男性娶北京女性的案例。纵观这些嫁入胡同的外地女性，首先她们不是为了享受荣华富贵嫁给她们的丈夫。丈夫都是普通人，收入甚至不及她们。如果可以用上文的婚姻中的交换解释的话，外地较独立的女性用自己的经济和年龄等优势换取胡同居民的身份资本。撇开感情不说，这些女性还是为了生活的相对稳定而选择与北京人结婚，但她们并没有通过婚姻实现经济地位的向上流动。而胡同里的北京男性，除户口之外，别的社会资本并不充足，户口这个资本对于北京女性并没有吸引力，因此也局限了他们选择配偶的范围。他们的外地妻子在能力方面不比他们差，与她们结婚并不会给自己或家庭带来压力。于是，在胡同里就出现这样的婚姻现象，底层社会的男性娶经济相对独立的外地女性。而外地女性的进入，也可能会使胡同的秩序发生某些变化。比如，黄某和丈夫回广东的打算如果实现，那也是北京人向外流动的一种方式。还有一个 30 多岁的出租车司机，他的爱人是安徽人，他们结婚多年但一直没有孩子。他说父母年事已高，等他们去世后，他要和爱人去安徽生活。北京有几乎全国最好的医疗、最方便的交通、最深厚的文化底蕴，在这样的环境中，老胡同居民选择离开，最大的原因还是居住空间的不足，而自己的经济能力又无法满足较大的空间需求，于是选择去其他城市或配偶家乡发展以寻找更大可能。

三　外地人和胡同居民的关系分析

从上文看，由于社会的变迁和转型，胡同里的居民出现了很大的异质性。当然，异质性也是城市社会发展的一个必然趋势。共同体规模越大，人口密度越高，个体异质性就越强。[①] 尽管从社会分层上看，这些异质性的个体依然处于同一阶层，但

① ［美］路易斯·沃斯文：《作为一种生活方式的都市生活》，赵宝海、魏霞译，上海三联书店 2006 年版，第 8 页。

在阶层内部认同方面，他们形成了强烈的“我们”感与“他们”感。

（一）胡同里的差序格局

在社会学领域提到“关系”一词，必然要与费孝通先生相联系。他最早将关系初步概念化，提出差序格局的概念。[①] 他认为中国人人际交往模式有“自我中心主义”的特色；以自己为中心，把与自己相互交往的他人按亲疏远近分为几个同心圆圈，与自己越亲近的，在与中心越贴近的小圆圈内。而差序格局是指我们以不同的交往法则来对待属于不同圈层里的人，跟中心越接近的，对他们越好。他在这里首次把人际关系与人际交往拉在一起，提出中国人人际交往中，对不同关系的人施用不同的交往法则的“特殊主义”以及“个别主义”特色。[②] 费先生在讨论亲疏远近是怎么分的时候，指出人际关系最简单的分类是将最接近自己的一圈人叫作“自家人”，“自家人”可以包罗任何要拉入自己圈子，表示亲热的人物。其他人属于外人。这种说法很贴切，可以恰如其分地分析胡同本地、外地人的人际关系。图3—1是胡同人际关系网络的呈现。

从图3—1看，胡同居民从自己的中心推出去，依然是自己人，然后是老外地人，蓝领外地人和散蚁；老外地人从自己推出去是胡同居民，然后是和自己相识的其他老外地人有联系，因工作需要他们愿意将蓝领外地人纳入自己的圈子。而对于蓝领外地人来讲，他们首先选择的是和自己有地缘和业缘关系的同类群体，因工作和居住需要，亦需和胡同里的北京人发生关系。外地人中的散蚁，既不与胡同中的其他散蚁发生联系，也不与其他外地人发生联系。唯一有联系的是本地人，但仅仅是功利性联系。

① 费孝通：《乡土中国生育制度》，北京大学出版社2006年版，第24—30页。

② 杨中芳：《人际关系与人际情感的构念化》，《本土心理学研究》2001年第12期。

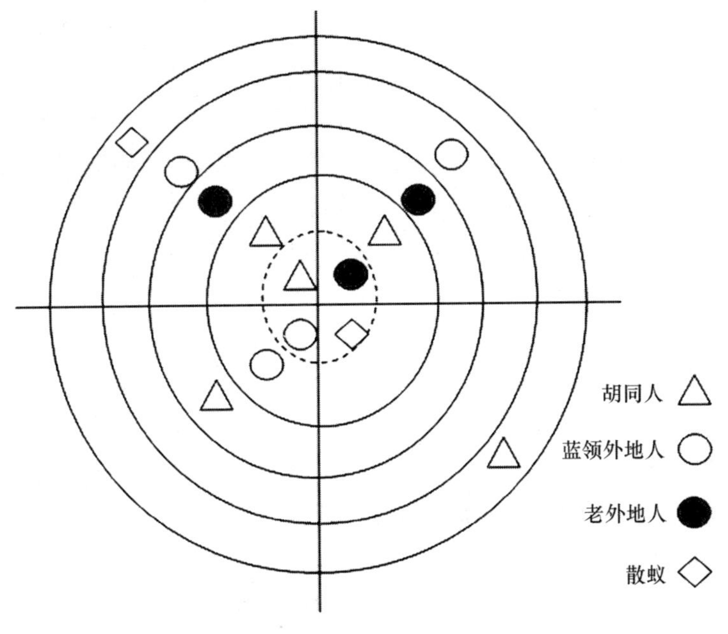

图 3—1　胡同里的差序格局

杨宜音在做转型期的社会心理研究时，研究的城市被访者报告了 5 类人际关系：铁哥们（朋友）、家里人、哥们、熟人和一般来往的人。研究者认为，现代中国人的社会关系依然具有差序格局的特征，城乡差序格局的差别主要是农村与城市的社会流动性上的差别导致的。[①] 同时，她建立了一个“自己人、外人”分类及转化模型来解释单数社会关系的变化，用边界的通透性来说明差序网络的伸缩性。她注意到，费先生提到了中国人区分人我亲疏时常用的两种分类图式：家里的—家人—自家人，自己人—外边人—陌生人。她进一步认为，“自己人—外人”分类是中国人区别人我亲疏的原型分类。为支撑这种原型分类的合理性，她

① 杨宜音：《社会心理领域的价值观研究述要》，《中国社会科学》1998 年第 2 期。

又导入先赋性关系（应有之情与义务互助）和交往性关系（真有之情与自愿互助）两个形式分析的维度。先赋性身份和交往性的变化都会导致“自己人”与“外人”间的相互转化，而介于二者之间的是先赋性自己人与交往性自己人。① 在胡同里，老外地人与胡同居民之间的关系基本形成一种交往性自己人的关系。

而蓝领外地人的社会圈子的扩大和个人在关系经营上的主观努力有关。秦海霞的研究描述了企业家经营关系的四个阶段：(1) 寻找关系：找平台；(2) 编织关系：建立“关系”；(3) 巩固关系：维持往来；(4) 发展关系：进行利益交换。在这个过程中，“关系”编织为“关系网络”，个人社会资本转变为可支配的“资源”。② 事实上，胡同里的蓝领外地人也是用这样的逻辑经营关系。首先他们通过地缘关系来到胡同，与同乡、同行建立起良好的社会关系，维持往来，在失业或遇到困难时互相帮助。而他们与当地人的关系既不是前面的先赋性，也不是交往性互助，而是一种功利性互助（无情可言，各取所需）。但这些交往的最终结果是一样的，都转化成了可支配的社会资源。就像部分蓝领外地人说的，他们不担心失业。

而另一群体，胡同里的散蚁和老外地人，蓝领外地人都不一样，他们大多数一个人漂泊在北京。他们求职往往依赖个人能力和简历，愿意从事的工作通常不会因为老乡介绍而得到，有些较初级的服务或销售工作如果他们愿意做，不用介绍亦可以获得。当他们发现周围和自己没有太多关系时，更愿意待在家里和虚拟的网络或以前的老朋友取得联系，这也是城市生活非人格化的特征之一。

若按照差序格局，胡同居民自己推出去和自己发生关系的人

① 杨宜音：《社会心理领域的价值观研究述要》，《中国社会科学》1998 年第 2 期。

② 秦海霞：《关系网络建构》，《私人企业主的行动逻辑》，博士学位论文，上海大学，2005 年。

可能只有自己的街坊邻居。他们被动地与老外地人、蓝领外地人和散蚁发生社会关系。这种被动的关系因社会变迁而产生。但是，撇开外地人，胡同北京人的社会关系亦难以维系。因为社区内关系的维系越来越借助于中间力量，现代城市社会的简约化亦将人推向必须依赖第三方而进行生产生活的局面。比如，带孩子有幼儿园，照顾老人有敬老院，胡同里下了雪不再需要居民亲自扫雪，环卫工人替代了他们的劳动；收缴电费、水费不再需要居民自己组织，有电力公司、自来水公司的抄表员代替；即使邻里间的协作，也基本由有偿劳动取代，人变成了单向度的人，传统的社区逐步变成了一个多元的社会。另外，由于本外地婚姻的大量存在，某种程度上，胡同的社会继替也会和外地人紧密相连，甚至依赖于外地人。

外地人就业的场所之一，胡同口的公共卫生间

第四章　被围攻的胡同居民

前面谈到北京人的文化时，提到北京人善于谈国事发表见解，原因有很多。一方面，北京作为首都，是政治的中心，胡同居民处于这个中心的中心，他们对政治的敏感度必然高于其他地方的居民，比如“两会”召开期间，社区组织居民值班，每小时值班费3块钱，这样，居民自觉不自觉地就参与进“两会”中去了。另一方面，他们曾经的，或现在的邻居，位居高官的也不少见。这种与领导人为邻的感受，必然会对他们的政治兴趣带来影响。

第一节　特殊的胡同居民

新中国成立以后，各机关为解决办公问题，陆续占用城内空房较多的王府，如卫生部占用了醇亲王府、解放军机关占用了庆亲王府、国务院机关占用了礼亲王府、全国政协占用了顺承郡王府、教育部占用了郑亲王府、国务院侨办占用了理亲王府、国务院机关占用了惠亲王府、外贸部占用了廉亲王府等。[①] 内城的一些大的院落也分给各部委做职工宿舍或者做领导人的住宅。在笔者调查的胡同社区，有单位大院，也有各级领导人居住的“宅子”。领导人作为特殊的胡同居民，是普通居民的谈资之一。事

① 王军：《城记》，生活·读书·新知三联书店2010年版，第184页。

实上，胡同居民和这些领导人虽然生活在同一空间，但完全是两个世界。除了偶尔见到出进的警卫员，居民其实并不了解他们的特殊邻居的生活。比如，CH 胡同住着一位原国家领导人，与他住一条胡同的老人说，该领导属小龙，和他一个属相，以前电视里常能看到他，圆脸，看上去比他年轻，他知道的也就这些。这位老人的生活是每天带着“老年人优惠卡”在北京市坐 100 公里左右的公交车，看看他熟悉的北京城，有时也去郊区的菜市场买食用油或菜，老人笑称这是他每天锻炼身体的方式。他清楚地知道这位领导人的属相、籍贯、年龄；但是，作为邻居，他也只在领导人出行时隔着车窗玻璃看见过，即便经过领导家门口，他看到的也只是从一条小细缝里露出的士兵的眼睛。由于身份特殊，领导家高墙电网，角落里挂满了摄像头。所以，普通居民和特殊居民之间，只是空间上的邻居关系，他们彼此的生活没有任何交集。

从居住空间上看，普通胡同居民和特殊居民所拥有的空间是不可同日而语的。一个自己游胡同的游客寻访 CH 胡同 3 号，该院曾是一个美学家的住宅，但他并没有找到 3 号的门牌号。过后，他在博客中这样描述：“我终于没有找到我要找的门牌号。兴许是旁边那个 7 号作了某个机关，扩大而吞并了它们也未可知。因为 7 号有一个颇大的门楼，极似南方的祠堂或庙宇。从围墙向里面看，仿佛还是一个机关的所在。我要找的院子极有可能被旁边的 7 号吞并了。”① 据居民们讲，他要找的院子确实有一部分并入了 7 号院，即领导人的住宅。他要找的 3 号也依然存在，只是变成了上百人居住的大杂院。

相比领导人的住宅，胡同里的大杂院挤满了房子，有的院子挤到没有晾晒衣服、被褥的空间。领导住宅家南房的窗户靠着马路，阳光充分，空间较大。于是居民们就在领导窗户下拉起一根

---

① http：//blog. sina. com. cn，保密原因，笔者暂将博客后缀去掉。

绳，晾晒衣服、被褥等。时间长了，在经常晾晒各种衣服的地方贴出一张纸，写着“禁止在此晾晒衣物”来提醒居民。提醒归提醒，居民还继续在原地晾着衣服、被褥，彼此倒也相安无事，从没有人当面禁止他们这种行为。胡同居民和他们特殊身份的邻居之间的互动也仅限于此了。

2010年第六次人口普查，普查员要逐户逐人进行登记。胡同里的普查员第一次入户特殊居民家进行人口普查时，接待的警卫员说需要汇报，普查员也只好离开。第一次入户后，普查员向普查小组长汇报了入户领导人家的情况，但小组长也不知道该如何处理，要再报上级商讨。按理说，普查工作先从建筑物普查开始，然后入户对居住情况进行摸底，不管该领导人是否属于该社区户籍居民，都应当进行登记。但是，社区普查小组在就领导人家的普查进行讨论时，分不清该领导人到底属不属于这个社区，应不应该进去登记。有的说归他们管，有的说可能不归他们管，归国务院管。这里涉及社区的边界问题。贺雪峰在谈到村庄共同体时，提出村庄共同体由三种边界构成，一是自然边界，二是社会边界，三是文化边界。[①] 就城市社区而言，这三种边界依然是存在的，但需要由不同的指标来衡量。自然边界，如果以空间为基础的话，城市社区的自然边界也是明了的，有清楚的行政划分。社会边界，即对居民身份的社会确认和法律确认。这一点也可以弄得清楚，因为每个人，不管本地、外地、特权、非特权都必须具备一个身份，如果在同一个地域空间居住，至少在社会身份上是属于这个社区的。最后，文化边界，即村民在心理上是否认可自己的身份。这一点，在城市社区是比较难界定的。比如，居住在同一地域空间的不同身份的人，对同一个社区的认可度是不一样的。就这位领导人而言，他本身是否认可自己所居住的社

① 贺雪峰：《新乡土中国：转型期乡村社会调查笔记》，广西师范大学出版社2003年版，第30页。

区，笔者与社区其他居民不得而知。关键的是，从普查员的谈话中可以了解到，胡同居民其实也并不把领导人纳入自己的文化边界之内。所以，虽然笔者调查的社区基本上是以北京居民为主的社区，但是，在互相认同方面，因为居民身份的不同，依然有很大的差异。

关于村落共同体，李培林研究总结为五种可以识别的边界：社会边界、文化边界、行政边界、自然边界和经济边界。文化边界是基于共同价值体系的心理和社会认同；社会边界是基于血缘、地缘关系的社会关系圈子；行政边界是基于权力自治或国家权力下乡的管理体系；自然边界是基于土地属权的地域范围；经济边界是基于经济活动和财产权力的网络和疆域。对于传统的、相对封闭的村落来说，这五种边界基本上是重合的，这些边界划定的范围，也就是一个农民一生的生活半径。但随着村落的开放和非农化、工业化、去工业化和城市化，村落的边界也发生了分化。这五种边界也变得不再重合了。在村落的五种边界高度重合的时候，“乡下人”的生活半径虽然也有差别，但总体的分化程度很低，所以比较容易保持共同的文化和社会认同。而一旦村落边界发生剧烈的分化，同一村落中的“乡下人”生活半径就会出现非常大的差异。[①] 李培林提到在东南沿海一些发达村落调查时，常会碰到一些乡下的精英人士，他们从经济边界开放到社会边界开放，逐步达到文化边界的开放，最后，基本的社会关系网络也在城市里建立了，乡下的社会关系网络成为从属的网络了。

如果拿李培林总结的社区边界考量在城市社区居住的特殊居民的话，边界开放正好是一个相反的过程。即特权阶层进入社区，只是自然边界的进入。而对该阶层固有的社会边界和文化边

① 李培林：《村落的终结——羊城村的故事》，商务印书馆2004年版，第37—42页。

界，他们是封闭着的。表现为几乎不与社区发生任何互动关系，在管理上更依附于其他部门而不是社区委员会。而在社会和文化边界上，社区居民和特权阶层都没有把对方或自己当作社区的“自己人”看待。笔者没有机会采访住在该社区的特殊居民，但参与并整理过与该社区领导人位置几乎相当的住在另一城区胡同的一位领导人夫人，她十分平易近人，但采访中个别词汇的出现依然可以看出特殊居民与普通胡同居民之间的认同关系。在谈到“劳动”时，她多次使用“普通”二字。比如她说女儿下乡，和普通人干同样的活，自己的母亲和胡同里的普通人一起挖防空洞等，并为他们读报纸等。与普通相对的，就是不普通，显然，她和普通之间存在一定差异，几乎是谈不上认同的。在互动上，这位夫人说只与一家胡同居民发生过互动。这位居民手工做了一副鞋垫想办法送给她，她给她买了点心。笔者调查的胡同里的特殊居民和访谈过的特殊居民同属一个群体，也几乎不与普通居民发生互动。至于她对普通的胡同居民有没有心理上的认同，笔者不得而知。社会分层就是这样，以权力、声望、地位等为基础将人划分为不同的阶层，阶层之间又存在层界，跨越层界很难实现真正的认同。

现代社会高度分化，以胡同为例，高墙将特殊居民与普通居民相互隔离，普通人被挡在门外。这种空间区隔有双重意义。一方面，围墙，文化或符号使人们不能面对面，或互相听取各自的声音。人与人之间彼此绝缘，互相排斥。墙里墙外的交流甚少，即便发生，也是公务形式的或是被商品化的。墙内的生活是整体性的，他们生活、工作、娱乐、社交的场所越来越局限于他们自己，与城市不同角落的日常对外交流在逐步下降。[①] 胡同里的不同群体都有自己的圈子，尽管生活在一个胡同里，难以避免面对

① Peter Marcuse，*Ronald van Kempen*，*Globalizing Cities*，*a New Spatial Order*? Blackwell Publishing，2001，p. 250.

面的接触，但接触并不交流互动是一种普遍状态。

第二节　胡同新贵的产生

北京胡同成批的拆迁，有人欢喜有人忧。作家舒乙曾说“北京现在是在拆第二座城墙——胡同、四合院就是北京的第二座城墙”！为了保住北京的第二座城墙，在胡同拆迁的过程中，有大批的古建筑文化保护者奔走呼吁，保护古城文化。而身在胡同的居民有恐惧，也有欢喜。恐惧或因拆迁无家可归，欢喜因为拆迁或许能使他们的居住环境得到改善。除古城文化保护者和身处其中的胡同居民外，另有一批人，他们拥有财富，涌入胡同，尽可能地占有或收购空间，然后将他们占有的财富以高价出租或出售，或等待拆迁以牟取利益。因为拆迁、改造，因为在北京，在极具优势的地理位置，他们拥有较大的已经稀缺胡同建筑而成为胡同里的贵族。不管胡同拆或不拆，他们都能受益。拆他们可以获得大额的补偿金。不拆，他们拥有的四合院在轰轰的拆迁声中因变得稀有而日益增值。这些人，笔者称他们为胡同新贵。之所以叫他们新贵，是因为胡同作为皇城的一部分，曾有大批的贵族名流在这里驻足或生活，与前人相比，他们只能算新富，甚至很难谈贵。他们有的并非胡同居民，只是因为拥有了胡同的房子或空地而进入胡同，胡同居民并不知道他们是谁，他们也很少与居民发生互动。

比如笔者在本书第二章提到的 LZK 胡同 A9 和 B9 是社区较大的四合院中的两个，现在都属于个人。A9 曾经是一个衙门，作过仓库，作过学校，后来作公司，公司已经停产几年，房子一直搁置着。2010 年 8 月，负责看管 A9 的附近居民和邻居们讲，房子的产权已经归了私人，现在可能要出售。大约 2000 平方米，起价 1.5 亿元人民币。A9 在寻找买主，也让看管的人和附近的居民做一下宣传。居民们都说 1.5 亿元是“黑心价”，传说现在的房主买 A9 花了不到 2000 万元。但很快，房子卖了，1.5 亿元成交。至于是谁买了这个房子，胡同里没有人知道，他们看到的只是 A9 出出进进的车子和工人。2013 年，笔者再次走进胡同时，A9 已经拆迁。事实上，胡同新贵通过再投资使资本再生产，这是城市进程中资本集中的一种必然的表现。对于投资者来讲，他们通过投资使自己已有的积累达到再生产的功能。针对今天胡同新贵对胡同空间的占有，笔者认为有点像早期欧洲社会的原始积累方式。在欧洲，资本家一种重要的积累方式就是“圈地”。[①] 这种积累方式如今在胡同也屡试不爽，胡同新贵们通过各种为人知或不为人知的方式对财富进行占有，然后以出租或者出售的方式达到资本的再生产。

目前的胡同新贵大体分为三类，一类是以非公开的方式进入胡同，或者没有出现就将胡同空间占有的新贵们，他们是胡同里的隐形人。另一类是一些早期的投资者，他们在 20 世纪八九十年代以较低的价格购买到胡同的院落，然后翻修或重修，用来居住或出租。随着胡同的减少和中心地价的上涨，他们成了新贵。还有一类是“文化大革命”前在胡同拥有房产，但在“文化大革命”中受打击，房产被没收的官员或知识分子的后代，20 世纪 80 年代政策落实后，归还了他们的部分财产。随着房价、地价的上扬，他们又成了胡同里的新贵族。

比如，LZK 胡同曾经有一处中国第一位造船工程师的住宅，他主持设计了 1000 马力往复式蒸汽机主机，并在“夔峡”“巫峡”“巴峡”3 艘拖轮上使用证明成功，他著有《船舶蒸汽机》一书。他的儿媳妇是个医生，不在胡同里住，但偶尔回来看看她的房子。她说公公家共有 3 处房子，捐了一处作学校。“文化大革命”前胡同里有 1 亩多地 24 间房子。“文化大革命”的时

① 戴瑞克·乔治等：《人文地理学词典》，约翰威立国际出版公司 2009 年版，第 3—4 页。

候，房子都贴了条，说他们是狗崽子，房子被人占了，他们简直无家可归。“文化大革命”结束后退还给了他们一部分房产，共十几间。现在他们对外依然说住在这儿，但她还有两套楼房。她说以前不敢说有房，现在敢说了。她并没有装修、重建或翻修胡同里这几间房子的打算，她说不修，等着拆。现在这个地方是贫民区了，留不住的。

和这家相似的还有NYY胡同的胡阿姨，她也是医生，丈夫是大学老师，儿子在国外，女儿结婚了不和他们一起住。她和丈夫两个人住180平方米一个小院，屋里装修是复古的风格。阿姨的公公曾经是协和医院的医生，同时还兼做一个小官员，“文化大革命”时财产遭到没收，“文化大革命”期间去世。胡阿姨说，房子落实政策后就给他们了，但直到2004年他们才重新装修，有两户人家始终搬不走，他们没有工作，可能也买不起房。现在搬走了，一户就在附近租房子。偶尔碰面的时候，胡阿姨会有点不忍心，她说虽然他们把我的房子占了几十年，房产部门强行让他们搬走，但他们没地方住，感觉我成了占房子的人。不过事情都过去了，胡阿姨说当时打他们，占了他们房子的人不知有没有和她一样的愧疚和不忍，个人决定不了历史。再评论，胡阿姨感慨“我们现在也没有什么不好，身体好，孩子好，也有一定的社会地位。我们没差，‘那些人’也没好”。另有一户是住在CH胡同一个职工宿舍大院的前某部部长的儿子。他们一家4口人，住一个大院第二进院子的北屋，有五六间屋子，在别处也有房子，偶尔回来住。

总之，工程师的儿媳，医生胡阿姨还有部长儿子等，在当下的语境，可以说是官二代或者富二代，他们的父辈本身就在胡同里拥有房产，因历史原因他们失去了原本属于他们的资产，还给他们的子女也是情理之中。现在，这些后代继承了父辈的财富，而这些财富在如今的房地产市场又奇迹般地增值到天价，使得这些人又成为胡同里的贵族。他们或在，或不在胡同里居住，和胡同居民依然有所互动。比如，邻居义务给工程师的儿媳照看房子，夏天遇到大雨，或周围正在进行的工程对她的房子有什么影响，邻居都会及时通知她。而她来胡同，也会和邻居们聊聊天，或者给他们带点东西，彼此相处融洽。

另一类新贵是早期的投资者，笔者访谈中遇到一位专门出租自己四合院赚钱的李先生。李先生以前做建材生意，他说20世纪90年代前后，他挣钱不以天为单位计算，而是按分钟算，他觉得钱就像刮风一样往他口袋里刮。现在看不是多少钱，可是，他是穷了半辈子的人，穷到老婆背叛，儿子都不知道姓什么。突然一个机会抓住了，就富了，他有点按捺不住，就想歇一歇，歇够了再挣，觉得眼前全是机会。于是他就停下来给自己盖房子，准备好好享受生活。他在昌平盖了一套房，在城里盖了一套。城里这套就在笔者调查的社区，1996年他买了一个旧院子，300多平米，买、拆、盖总花费不到150万元。李先生说，当年也不是因为想增值才买房子、盖房子，根本没想到房价会涨这么快，知道的话他就多买几处了。就是觉得生活好了，要享受一下，给自己建个小院，没想到不经意的投资，15年增值了40倍。现在他什么都不干，房租足够他生活，他的院子每月租金4万元，雇了一个工人负责院子的管理和维修。和李先生类似的有NYY胡同的老米家，他小的时候也在胡同住，后来搬走了，但儿子挣了点儿钱，就回来在胡同里买了几间房，盖了一个100平米左右的小院供他们住。老米说，幸亏买得早，现在要不是着急用钱，没人卖房了。就是有人卖也买不起，胡同里的房子一平米起价十几万。

像李先生、老米儿子等人，都属于早期的投资者，他们或为享受，或为怀旧或为孝道等不经意的投资，让他们成了胡同的财富新贵。他们和社区居民保持着良好的关系。比如，孙先生虽然不在胡同居住，但他只要知道胡同里有邻居去世，就会过来给一点钱，表示慰问。李先生说老北京人讲究礼数，碰到丧事主动前去慰问，碰到喜事要得到邀请才可以去，他每年春节也去拜访紧挨着他家的两户居民。问到原因，他说，第一这是礼数，虽然我比起他们，绝对是富人，但是在一个胡同住着，哪有穷富之分呢。第二是北京人就这脾气，你富了，得你搭理我，别等着穷哥们儿搭理你。胡同里的邻居不会问他住在哪儿，要去他家串门啥的，但他得主动来串门。串门的另一个因素，李先生说是让邻居们帮着照看房子，有一次一个租户欠着租金就要搬家，是邻居将情况及时告诉李先生的。

关于胡同里去世要主动前来的这种传统的“礼数”，甚至人之常情在胡同的普通百姓身边正在逐渐消失。笔者调查期间，LZK 胡同金奶奶和 CH 胡同张爷爷去世。金奶奶去世时李先生正好回来看他的房子，知道后给家属 1000 块钱表示慰问。张爷爷去世有 4 个和他儿子关系好的邻居去慰问。如果说金家是独户居住（没有院，三间南房和一个走廊），没有人知晓金奶奶去世的消息，而张爷爷家住在有 20 几户人家的大杂院，一定有超过 4 个人知道他去世的消息，但是居民们却避开了这种交往。有一天早晨笔者见到返城刘叔去八宝山参加一个朋友的葬礼，他愁眉苦脸地说需要给家属安慰金 800 块钱。而刘叔全家 5 口人 3 个孩子两个上学，一个待业，他和妻子的工资加一起每月不到 4000 块钱，800 块钱是全家每月 1/5 的收入。笔者知道刘叔家吃鱼几乎从来不买，他有钓鱼的爱好，有时去郊外的水库，有时天黑在北海钓鱼。他常说只有钓来的鱼才新鲜、好吃，但笔者认识的钓鱼爱好者们，只是享受钓鱼的过程而并不以吃鱼为目的，他们经常钓了鱼然后放生，而刘叔有爱好的同时，吃鱼好像也是钓鱼的目的。《礼物》里提到一些律法性的古谚，如“互赠礼物才是朋友”“礼物报答礼物”“吝啬鬼总是怕礼物”“送礼总是要求回报”等。[①] 如果这些古谚还有些道理，也仅局限于经济地位相对平等

① Mauss, M., Translated by W. D. Halls, *The Gift: The Form and Reason for Exchange in Archaic Societies*, N. Y.: W. W. Norton, 1950.

的人群。李先生给金爷爷 1000 块钱，一是沟通和维护关系，更重要的是他自己说的，对北京文化的尊重，与钱没有什么关系。而刘叔给战友家属 800 块钱给出的是家人的日用甚至口粮，这里的意义是不同的。他们不是吝啬鬼，但是，微薄的收入让他们在送礼和还礼的过程中显得畏缩而焦虑。

再回到胡同里的新贵族，老米作为贵族，却丝毫没有将拥有千万身家的自己与普通的胡同居民区别开。他经常和胡同里的老人下棋、打麻将，到批发市场买比较便宜的蔬菜等，邻居们也当他是自己人。首先，因为老米、李先生等人原本就是老北京人，他们懂得北京人的文化。其次，所谓的“财富”，用老米的话说，不经意间就富了，但这种东西来得快可能去得也快，不能太当个事儿。另外，老米说自己就是个工人，每个月不到 2000 块钱的退休金，除去房子之外，和邻居们也没有什么区别。最后，老米和李先生共同的认识是，北京人没有炫富、露富的习惯，更不能在邻居跟前炫耀。李先生说，每家都走门，谁家也不能开天窗不和邻居交往。穷、富住在这儿就是一样的人。哪天拆迁了和你站一条线的肯定是这些邻居。再说，处不好了，他（邻居）找人害你一下，什么都没了。

李先生和老米的态度其实是对传统邻里关系的一种表述。邻居和相近的联系是最简单、最基本的联系形式。本地利益与本地联系培植的当地的情感，不仅是社会生活中最显而易见的事实，而且是经年累月传下来的。人们应当本能地理解与你为邻的人，你的左邻右舍最有权要求你的友谊关系。一些头面人物不论他在城里多么专横，他在自己邻里中必须与同伴永远平等相处。他同自己邻里的相处必须十分小心，以诚相待，不敢稍有相欺，因为他们在当地有共同的利益。邻里也很通晓自家事物，对他们也很难相欺。这就是李先生说的，邻居可以和你和平相处，但也是最知道怎么害你一下子的人。在面对潜在的危机（如拆迁）时，只有邻里间通力合作，他们才能达到共同的目标。

总之，在胡同里的财富新贵中，不管是“文化大革命”中受害者的后代，还是一些早期的胡同投资者，他们与胡同还有最根本的联系，并与邻里们进行一定的互动。但是，后起的财富新贵们，比如单纯以投资为目的而购买胡同空间的人们，胡同居民对他们的身份仅局限于想象。从行为上看，除利益之外，他们并不认为自己和胡同有什么关系。但胡同的资源，正大量集中在这些人手中。

第三节　胡同里的外国人

就在几十年前，人们见到外国人时还当长毛怪兽，满是好奇，如今北京作为一个国际化的大都市，有约 20 万外国人长期在这里生活着，而年轻人多多少少都会讲外语，英语更是普及。所以，外语、外国人对国人已不再是新鲜事物，许多人的邻居就是外国人。胡同里的四合院作为传统的居住格局更是吸引了不少外国人的入住。据某地产公司统计，北京在租的四合院有 2000 多套，外国租客占一半以上。随着外国人的入住，胡同里的居民结构也在发生着变化，由最初的老北京人，到前面提到的外地人，财富新贵，再加上现在的外国人。

一　作为参观者的外国人

笔者调查的胡同因位置的特殊性，随时都有或坐三轮车游览，或徒步闲逛的外国人。过往的影视或文学作品在他们的脑子刻下一个北京，除了故宫、天坛、颐和园外，还有四合院、胡同和四世同堂。和外国人交流时，这些一定是绕不过的话题。作为一个游客，现代化的北京给他们带来了一定的心理落差，他们要看的不是国际大都市，而是要看作为皇城的老北京。各种旅游书籍上都有关于胡同的介绍，于是他们只要有时间，就会游览胡同，或者选择开在胡同里的宾馆居住。鼓楼附近的几个小宾馆，住的几乎都是外宾。还有开在胡同里的酒吧、咖啡厅也颇受外国人青睐。

猎奇是多数游客的特征。比如，中国人看来很普通的小木门，对外国人来说就是一个景点，因为和他们自己的东西不同。胡同游的外国人手执相机，拍拍胡同，拍拍四合院的门墩，听三轮车师傅们讲讲，就算游览过了。三轮车师傅经过培训和积累经验，不但会讲英语，还知道外国人爱听什么。比如路过一个大的门框，门框上方已经没有了雕梁画栋等看点，三轮车师傅会指着门框讲“文化大革命”，讲破坏。“文化大革命”外国人爱听，于是经常可以看到三轮车师傅和外国人站在一个大门口，重复着“Cultural Revolution”。

笔者采访过一些游客，他们有的也不是专门来游胡同，胡同只是旅游线路的一部分，参观了故宫、景山，要去鼓楼，中间看看胡同。自己徒步游胡同的外国人一般手里都捧个小的旅游手册，按照手册的指引安排一天的旅游。旅游手册上，通常先将胡同的来历做个介绍，然后推荐一些胡同，讲胡同名字的来历和历代名人的故居。比如JX胡同是皇宫选秀女的地方，但现在看不到一丝当年的痕迹。即便游客进了胡同，胡同里左拐右拐，有的胡同只有100多米，一个连着一个。他们即便手捧手册，也不知道自己到底到了那条胡同。只能随便看看。笔者采访的游客中有一对美国的夫妇，他们说在美国的报纸看到中国不尊重人权，强制拆迁，不但毁掉了传统的建筑，也使传统建筑里生活的居民无家可归。于是，他们进了胡同对照着报纸上“拆”字的样子在胡同里的墙上找“拆”字，看到了便拍下来，以印证报纸上的报道。同时，胡同里居民们的生活随着胡同游的兴起始终是一种被呈现的状态，他们在胡同里打麻将、拿着马桶垫上厕所、养蛐蛐养鸟等种种行为都曝光在游客的镜头底下。

还有一个游客，她说自己对北京的印象是“9 million bicycles

in Beijing"[①]，但是一到北京，所有的印象都变了。第一，她没有想到北京有全球最漂亮、最现代化的航站楼，她说首都 T3 航站楼让她震撼到以为到错了国家，发达国家也做不到。第二，城市里不是 900 万辆自行车，取而代之的是 900 万辆汽车，她没想到一个骑马抬轿子的国家，900 万辆自行车已经够进步了，居然还会因汽车带来交通拥堵。第三，高楼，立交桥也不是她的想象，于是，在感慨北京现实和她想象的差距同时，她有点遗憾她的北京梦的破灭。所以她来参观胡同，觉得真正的北京应该是在胡同里。

部分胡同有专门接待外国或外地游客的接待户。游客可以进院参观、喝茶、聊天，有的接待户也提供饭菜。笔者所调查的社区没有接待户，所以外国游客和胡同居民只是参观与被参观的关系。有时游客和他们说"你好"，他们也会回应，偶尔也转身不理。但不管他们理不理，愿不愿意让人参观，被呈现始终是一个事实。因为他们和故宫、和他们所居住的四合院一样，是别人记忆或想象的一部分，不可能城市里每一个群体的存在对于别人都是记忆或想象，但胡同居民是。他们的平凡的生活在参观者眼中成了异文化的表演[②]，而他们作为历史文化遗产的伴生物，事实上已被自觉不自觉地被开发为商品。[③] 胡同，某种程度上，成了"human zoo"（人类动物园）。

对于游客来说，胡同游是对他们想象的真实性的一个追踪，他们对异文化的理解是，其他历史时期留下的越纯粹、越简单的生活越接近于真实。在一个现代社会里，他们尽量追索所谓真实

---

① 《九百万辆自行车》英国女歌手 Katie Melua 的作品，2007 年北京游览时，导游告诉她北京有 900 万辆自行车。她深受震撼，遂创作歌曲"9 million bicycles in Beijing"而风靡全球。

② Feifer, M., *Going Places: Tourism in History*, New York: Stein & Day, 1985.

③ Greenwood, D., "Culture by the Pound: an Anthropological Perspective on Tourism as Cultural Commoditization", in V. Smith (ed.), *Hosts and Guests*, Philadelphia: University of Pennsylvania Press, 1977.

的自然的东西，通过旅游去触摸逝去的时代所留下的文化痕迹。[①] 在北京，历史的痕迹除了那些旅游名胜，胡同不可避免地成为他们要接触的一部分。而胡同居民整天面对长驱直入的镜头和各种颜色的眼睛，能做的无非是迎合或表演，即便不愿意，关上门或视而不见也就是他们最大的抵抗了。事实上，在这种情况下，旅游者和当地人之间的关系是暂时性的和不平等的，任何一种暂时性的、表面化的和不平等的社会关系都是引起欺骗、剥削、不信任、不诚实和模式化行为的基本原因。[②] 在胡同里亦是这样，胡同居民说以前它们丢了钥匙可能就不锁门了，因为再买一个锁需要花钱，而且他们确信邻居会帮他们照看；但是，现在大部分人家都装防盗门，当然不能全部归因于对胡同的旅游开发，但旅游确实给他们带来不安全感。

二　作为体验者的外国人

胡同里的外国游客络绎不绝，但在胡同定居的外国人并不多，整个社区长期居住的外国人只有 4 个，一个是 O 女士，爱尔兰人，另外两个是法国女孩，还有一个美国女孩。她们觉得胡同是中国的符号之一，住在胡同可以体验生活、体会文化。O 女士 2006 年起就在 LZK 胡同租了一套四合院，一年有 4、5 个月住在那里。四合院高墙红门，给人庭院深深的感觉。像她租住的那样完整的四合院整个胡同有 3 套，一套原来是个小学；另一套就是她住的院子，还有一套以前是一个公司，现在几乎是围起来的一片空地，房子年久失修，破败的没有了四合院的幽静和高贵。胡同游的三轮车师傅经常把 O 女士居住的院子作为一景给游客介绍，内容大致是这样：这个院子清朝时文官居住，以门墩为证；

---

① MacCannell，D.，*The Tourist*：*A New Theory of the Leisure Class*，Rev. Edition，New York：Schocken，1989.

② MacCannell，D.，“Reconstructed Ethnicity：Tourism and Cultural Identity in Third Communities”，*Annals of Tourism Research*，1984，11.

门墩为箱形，形似书箱、钱箱，或称“幞头鼓子”，箱体称“幞头”，这样的门墩说明主人重视教育，而且多为文官或商贾。这一带属皇城里，不可能住商贾，所以推测旧时是文官的宅邸。现在这里住老外，法国人。O 女士有时听到了会说，老外不是法国人，老外是爱尔兰人。

O 女士的朋友送了她一对狮子，她请人直接将狮子粘在了门墩上，请来的师傅不懂石狮子也有性别之分，摆放也要有文化秩序，就不分左右将狮子垒到门墩上。垒的时候胡同里亦有邻居看，但没有人给出建议。垒好并用胶固定后，胡同里的邻居们开始大发议论，说老外不懂中国文化，破坏风俗之类。但三轮车师傅给游客介绍时又增加了新的内容：门墩上有狮子，狮子左右反了，说明这个院子女人当家，和硕公主门口的狮子也是这样摆放的。这个院是个老院，门墩是过去的，狮子是新放上去的，说明院子易主了。但四合院的房东讲，他也不太清楚这个院子的历史，他 1996 年从一个老太太手上买了这块地方。买来时院子因年久失修而必须废弃重修。房东 1998 年翻盖后出租，最先租这套院子的据说和法国大使馆的官员有什么联系，法国人搬走后有一家公司租了半年，之后就是目前的房客 O 女士居住。O 女士是位投资人兼作家，同时在中国做一些公益项目。她说住在胡同，并不是因为生活方便，相反，生活极不方便，没有停车的地方，出门打车也不方便。但是，她喜欢四合院这种建筑形式也喜欢这个地理位置。她说她有一个新西兰的朋友评价她住的地方是荒蛮之地，到处是光膀子的“野人”，而她觉得他住的三里屯才是荒蛮之地，各色人等杂居，没有文化可言。朝阳区三里屯因距内城三里而得名，明、清时属顺天府大兴县，1962 年三里屯地域内建北使馆区，后又建成外交公寓群，逐渐发展成为驻华外交人员聚居、购物和外事活动的重要社区。三里屯酒吧街是夜生活最繁华的娱乐街，也是外国人经常光顾或选择居住的地方。O 女士也经常去三里屯，但她并不喜欢那里。她有一些朋友都住三里屯，或者在三里屯做生意，三里屯在很多外国人眼里是北京的中心，至少是外国人认为的中心。但 O 女士觉得她住的才是中心，挨着故宫、景山、北海，风景好，空气好。她经常邀请她的外国朋友到家里做客，多数朋友都喜欢她家的布置，同时也抱怨胡同里的交通。

O 女士很喜欢中国的文化，包括建筑文化。她说外国人来北京是来看北京的，不单单是看故宫、看长城、看颐和园。看故宫因为它是曾经的皇城，也是十分有名的博物院，她选择住在 LZK 胡同，也因为它曾属于皇城的一部分。她看到胡同被拆很心疼，她说你们在破坏很珍贵的建筑文化，包括生活文化，北京都建成国贸和建外 SOHO，和纽约、曼哈顿就没有区别了。伦敦、罗马之所以被游客和当地人喜爱，因为政府确实努力保护了那个城市的建筑和文化，它有别于其他大都市。单独故宫代表不了历史和文化，历史必须是所有这些建筑的总和。人们总会有一些很荒谬的特别有意思的讨论。有人说建高楼可以缓解空间压力，但是，加大发展其他地方城市更会缓解空间压力。人们为什么喜欢北京，可能因为有好的教育环境，相对广阔的就业空间，还有丰富的公共资源。但是，如果更多城市和北京一样具有吸引力，北京的压力自然就小了。在建筑上，全世界只有中国巧妙地使用方、圆，并赋予它意义。而且，屋顶上的雕刻那么漂亮，融合了建筑师的智慧。看中国的建筑，就好像在读一篇文章、读一首诗。她说自己在爱尔兰有一个农场，在一个小岛上，她想在岛上建一套中式的建筑。但找不到建筑师，因为他们不懂中式建筑，更不知它包含的意义，她从中国运了木头，请了工人过去，在她的农场建了一个中式的亭子。她说，有一天，你们把所有的四合院都拆掉了，拿着照片告诉你们的后代，这是你们曾经居住过的地方，那将是无比悲哀的场景。但她也说，属于一个民族的东西，即便它失去了，也是短暂的，总有一天还会回来。她相信四合院还会流行。当有一天中国人真的成熟了，意识到属于自己民族的这种建筑之美而不再盲目地效仿西方，或盲目无规划的开发的时候，它就回来了。

她说自己住在胡同，偶尔听到胡同里有铁器相击的声音，紧跟着是很特别的唱调（磨剪子来锵菜刀），出去看，是一个很瘦的老人推着自行车，有人从他们的院子里出来，拿着菜刀，老人看到他们出来就会停下来，从一个很旧的布袋子里掏出一小块石头为他们服务。她想一百年前，可能也有这种情景吧。那个时候，这样的老人可能挑扁担？胡同里有一个胖胖的警察，她路过他的办公室时，看到邻居在和他聊天。有一天，一个邻居拿着白酒，那个警察和他在一起走，可能他们要去喝酒了。一百多年前，会不会也有这样的情景？皇城里一个衙内拿着刀，耀武扬威的，一个小百姓为了什么目的，请他喝酒。她认为这都是很有意思的现象。她说住在胡同，可以和历史对话。在O女士看来，北京人的生活是非常有节奏的，早晨起床，他们把自己打扮的干净整齐，吃早餐，锻炼身体。即便不去公园，他们也在胡同里来回走走，十分注意自己的健康。尤其是她的邻居，午饭后他们一起打麻将，严肃认真，她很羡慕他们的生活。

O女士觉得住在胡同里最不方便的是交通。因为没有车库，她没买车子。她说胡同有时比国贸中心还要塞车。胡同两边都停满了大大小小的车子，她不理解为什么不禁止这种行为。胡同很窄，不是走汽车的地方，它的宽度只适合轿子和马车。欧洲和美国甚至全世界都不允许在公共场地停车，他们经营停车场，而且生意非常好做。她很反对人们占用公共空间停车，影响公共交通，她不愿意那么做，所以一直没有买车子，经常会有车子未经她允许就停到她家的门口，这让她很不满。她很享受北京的出租车，方便而且便宜，只是他们不愿意到胡同里做生意，觉得太耽误时间。她认识3个开出租车的邻居，经常给他们打电话用车，每次都会多给一些钱。她说住在胡同5年了一直很安全，邻居们很和善，但是冬天太冷了，房子没有很好的供暖设备，有时冷到没有办法住，只能住到宾馆里御寒。O 女士说她喜欢看胡同里的小店，很惊讶为什么 10 平米左右的地方可以住四个人，而且还能做生意。她说，外国人看到了这些，一定会佩服中国人的勤劳和智慧，这是个了不起的民族，但你们要知道它为什么了不起，不要轻易摧毁它，要给这些勤劳的人希望。她说自己经常到北海或景山公园散步，每次进去，看到成群的人在一起跳舞、唱歌、运动、自娱自乐，她会特别感动，而且她相信，全世界看到这个场景都会特别感动于中国人的乐观和团结，以及中国发展的速度之快。她完全想象不到 30 年前中国还是一个为温饱问题担心的国家。

O 女士是个中国通，她喜欢中国的古诗词，研究过班昭的《女戒》，她说现在中国进步了，把妇女约束在家的《女戒》已经过时，她采访了数十位中国的成功女性，通过她们的故事为中国女性撰写了她认为的“新女戒”，已经出版。像 O 女士一样，因为懂得并喜欢中国文化而住在胡同的人并不多。大多数来胡同居住的外国人，基本是出于好奇，或者是对他们想象中的中国文化的一种消费。

比如，美国人 P 小姐也住胡同，她说 2007 年夏天第一次到北京住在一个朋友的四合院，四合院在后海边上，特别漂亮和安静，住着很舒服，既可以体验胡同的幽静，也可以享受后海边上的夜生活。2009 年底她来北京工作，首选四合院居住，但昂贵的租金她根本负担不起，一个小院子得 35000 元。在中介的推荐下，她租了一个院中院，一共三间小房子，每个月 5500 元租金。2010 年 1 月份她搬进她租的房子后，才发现她理想中的四合院冷到让她无法承受。尽管有暖气，她必须一直开空调，如果关掉温度马上降下来，因为新建的房子墙通常比较薄。空调开久了她又很不舒服，所以，P 小姐只能搬到回宾馆住，到 4 月份才又搬回胡同。P 小姐也学中文，但水平很有限，邻居们不会讲英文，因此即便住在一个大院子里，邻里之间也没有什么互动。有一次，经常站在一条胡同拐弯处聊天的两个胡同居民对笔者说，他们听脚步就可以知道过来的是不是胡同里的人。因为不熟悉胡同的人晚上走进胡同里会很害怕，走路就特别急，他们说P小姐在胡同里住了好几个月了走路还特别急，路过他们的时候也走得很快，说明她并不信任他们，可能觉得他们是坏人，会伤害她。他们感觉不到被认同的同时，也不会对她产生认同。

另外，两个法国女孩，E和C小姐，她们也在中国工作，以前来中国旅游时参观了胡同，觉得很好。来工作了就选择胡同住，但住下就觉得没那么好了，北京夏天雨水较多，一旦下大雨，房子里总会进水，她俩必须经常叫房东或自己解决房间被淹的问题。更重要的是她们必须不断和不同的陌生人共享空间，像她们居住的院子基本都是用来出租的，流动性比较大；住进胡同时二人有和北京人交朋友，学习语言、文化的打算，住进来才发现北京人有他们自己的生活节奏，和他们交朋友不容易。北京人对她们比较礼貌，但似乎表现的并不愿意和她们交往。她们的租约是半年，准备到期就搬走。

另外，社区曾有一个韩国青年居住，做旅游人类学的调查。总之，在胡同居住的外国人各自怀着不同的目的来到胡同，最终能长期在胡同居住的是真正想了解北京传统文化的人，猎奇心态来的外国人一般很短的时间就会选择离开。他们并不能适应胡同里的拥挤和交通的不便。这一点笔者可以理解。笔者因受资助在胡同里的居住条件虽然很好，但夏天的闷热及蚊子和冬天的干冷依然让人很不舒服。同时，也只有体验了这种生活，才能理解为什么胡同里夏天都是光膀子，穿半裤的“膀爷”，狭窄、拥挤、闷热的空间里，脱掉衣服，坐在胡同里乘凉，是凉快唯一的出路；而冬天人们即便在家里，也要穿上外套，老人们更是穿棉袄棉裤御寒，住进胡同，就会发现所谓的平房“冬暖夏凉”，在当下的空间里其实是个神话。

第四节　国旗、灯笼与认同

一　给予与被动接受

胡同里的节日气氛很浓，尤其国庆和春节，每个院门口都国旗飘扬，有组织地爱国。2011 年 O 女士在中国过春节，她说她不喜欢中国的节日，太吵了，尤其不能忍受绵延不断的爆竹声，但因为工作太多，春节她还得留在中国。

中国人过春节要挂灯笼、贴春联、喜庆地过年。O 女士对中国文化很了解，她知道这些，但不愿意花精力去做自己不喜欢的装饰。春节的前一天，她一个中国朋友到她家，建议她要有些节日的布置。她说自己喜欢黄颜色，不喜欢红色。但是，为了让她的中国朋友高兴，也为和整个节日的气氛协调一致，或者说是为了获得文化上的认同她还是勉强自己挂上了红灯笼。大年三十那天，她买了很多点心和巧克力分给胡同里的邻居们，收到礼物的人们认为她很和善，都表示了感谢，但并没有回礼。他们认为赠送礼物可能是 O 女士自己的文化或习惯，他们只是她习惯的被动接收者，双方平时没有什么往来，彼此甚至不知道对方的姓氏。因此，礼物不是维系关系的纽带，也用不着回礼。但如果针对自己人，他们很讲究礼节，比如，王师傅养了 300 多只鸽子，他只吃不卖，有时会送给街坊们吃。他送的时候街坊们会客气地笑纳，过不了几天，收到他鸽子的邻居可能会买 2 斤鸡蛋，或碰到某个节日买些和这个节日相关的礼物送给王师傅，王师傅也会收下。他们不是有意地通过赠礼—回礼来维系邻里关系，但是，彼此简单地馈赠客观上起到了维持良好邻里关系的作用。

而 O 女士送礼时也没想让别人回礼，她说平时冲她微笑，和她打招呼的人她都会给礼物。她认为那些人很有礼貌、很和善，有这样的邻居住在身边让她有安全感。她挂灯笼也为了胡同里的人能够把她当自己人看，让他们觉得她懂得并接受了他们的文化。但让 O 女士不解的是，每户院子外都统一挂了国旗，为什么就她的院子外面没有挂。她听邻居说是居委会统一安排悬挂的，就派人去向居委会申请国旗，说她很爱中国，希望在自己的门口也挂上一面中国的国旗。居委会解释说国旗不是这一届居委会发的，挂国旗的历史大约有十年了，每个重要节日过后，国旗都有人统一保管，所以她门口没挂国旗也不是现在的居委会不给，是原来没有或者有被人拿走了等理由。他们建议 O 女士自己去买一面中国国旗挂上。O 女士当然不接受这个建议，她觉得自己买国旗和居委会给发一面国旗意义是不一样的。她努力将自己融入中国文化，模仿当地人的行为，但依然没有得到他们的认同。

这就是中西方社会结构的差异了。中国人的社会结构和 O 女士自己国家的结构是不相同的，正如费孝通先生说的，西洋的社会有些像我们在田里捆柴，几根稻草束成一把，几把束成一捆，几捆束成一担。每一根柴在整个担里都是属于一定的捆、扎、把。每一根柴也可以找到同把、同扎、同捆的柴，分扎得清楚不会乱的。在社会，这些单位就是团体……我们不妨称之为团体格局。[①] 家庭是团体，社区是团体，一个人参加了这个团体，成为团体中的一员，这是自然而然的。但是，我们的格局不是一捆一捆扎清楚的柴，而是好像把一块石头丢在水面上所发生的一圈圈推出去的波纹。每个人都是他社会影响所推出去的圈子的中心。每个网络都有个“己”作为中心，各个网络的中心是不同的。[②] 以“己”为中心，和别人所联系成的社会关系，不像团体中的分子一般大家立在一个平面上的，而是从自己推出去的和自己发生社会关系的那一群人里所发生的一轮轮

① 费孝通：《乡土中国　生育制度》，北京大学出版社 2006 年版，第 25 页。

② 同上书，第 26 页。

波纹的差序。在差序格局中，社会关系是逐渐从一个一个人推出去的，是私人联系的增加，社会范围是一个个私人联系所构成的网络，因之，我们传统社会里所有的社会道德也只在私人联系中发生意义。O女士虽然住在这个胡同，属于社区的一员，但对于胡同里的居民来讲，她只是暂属于这里，没有人把她当成普通街坊一样去接受她。而O女士和周围的邻居除了春节赠送礼物之外，再没有别的联系。所以，O女士是不在邻居们的差序格局中的。O女士送出礼物，是她在异文化里愿意向当地人靠拢、取得信任的一种表现，但是，当地人则始终将她当作异类。一个原因是作为外国人的异类，另一个原因是针对他们这个阶层的异类。O女士一个人住350平米的房子这个事实本身就使住在她对面5个人挤17平米房子的邻居望而却步，邻居们承认她友好，但不会从心理上接受她。因为他们的生活没有交集，出租车司机和她，也只是生意上的交往。而且，出租车司机并不愿意和她有太多的生意往来。一个出租车邻居说，O女士习惯叫车去接她，让司机们觉得她希望和他们合作。但是，有时她只去前门，而司机邻居从工作的路上回来到把她送到目的地，则需要很长时间。O女士付给他们的钱的确比平时从她家到前门打表的钱多一倍，但相对于司机们的时间，她给的并不多，中国人又很讲究脸面，不愿意把这个说出来。于是时间长了，她再打电话叫邻居司机接她，司机会以车不是他当班或者正有别的客人包车等各种理由拒绝。当然，方便的时候，依然会去接她，他们与O女士是一种理性的，以利益为主要目的的友好协作。但O女士本人认为，这是她对邻居表示友好的态度，同时，她也给了邻居们很好的生意，即便后来出租车有了叫车服务，O女士依然先给邻居司机打电话，邻居们没时间接她时，她才会打叫车电话。

二　回避交往

尽管 O 女士为了维持邻里关系做了很多的努力，除了节日的馈赠，有时也会送邻居一束鲜花表达心意，但她依然不能使邻居们把她当自己人看。公寓里关上门大家都不知道对方门里面的生活，但是，胡同的生活是透明的。O 女士经常开 party，有时还会请一组厨师上门为她烹饪，偶尔她的门口会停一些持特殊车证的车，懂政治的北京人一看就知道是来自某部委或者某使馆的车。邻居们眼里，O 女士不但国籍和他们不一样，阶层、地位更是不一样，物以类聚，人以群分，他们对 O 女士敬而远之。普通邻居对待 O 女士有点像对待社区居住的特权阶层，只把她当作在同一个空间下，但基本没有任何关系的外乡人。

LZK 胡同里有一个单位，某省驻京办事处，元宵节办事处准备了元宵和居委会工作人员一起分给胡同里的居民，表示节日慰问。但是，到 O 女士门口的时候，尽管他们看到了 O 女士家的阿姨，还是会绕开。可能他们认为 O 女士不需要元宵，也可能觉得外国人不懂中国文化，不过元宵节，总之，她们并没有送给 O 女士元宵来表示作为邻居的友好。

而普通的胡同居民，他们对外国人已经过了观赏期，对于身边的外国邻居，居民们并不认为他们和别的邻居有什么区别。有时她 party 的吵闹声会让他们不舒服，但是她一贯表现还好，他们也就包容了她。外国人生活在社区，对居民们也会产生一定的影响。比如，O 女士在圣诞节买了许多“一品红”摆在门口，并送给周围的邻居，无形之中已经向周围的居民传递了一个西方节日的信息，而且，让居民们知道，“一品红”是西方的圣诞节装饰。而她大张旗鼓的圣诞 party，也在向居民展示一种过节的方式和氛围。P 小姐虽然回美国过圣诞节，但她在院子里早早装饰了一棵圣诞树。他们的这种节日行为自然会影响到他们的邻居，但目前邻居们并没有效仿他们。

总　结

胡同作为一个传统的市民社区，因为特殊阶层，外国人的进入以及胡同新贵的诞生而使胡同原本的社会和文化边界发生了很大的变化，不同身份的居民之间基本没有共同的文化认同。如图4—1所示，不同的群体看待胡同居民的视角是大相径庭的，而胡同人对不同群体也是分别对待。对特权阶层，在谈论中，他们一方面以和这一阶层的人共享空间而表现出一种骄傲，比如他们会把曾经在这个空间居住过的名流权贵列举一遍，因为那些人是他们的邻居。另一方面，与这些人为邻，他们又有强烈的空间压抑。所以有时他们会自觉不自觉地回到某些特殊的历史事件，来反映他们对特权阶层的不满。而住在社区的特权阶层，因特殊的身份他们不会直接接触他们的邻居，也避免任何与邻居的冲突。居民在他们的门外或墙下晾晒衣物，休憩或者支起炉子做烧烤等行为，都是他们能够包容的。但居民对自己的行为也会把握分寸，比如他们不会把车停到特殊阶层的门口时，成群聊天的时候也不会选择在他们的门口。紧挨着笔者调查的社区几百米的地方，还有一个将军府，他家门外不远处总是停着一排等客人的三轮车，但大门处却让开可供主人随时出入的空间。这些三轮车师傅拉客人路过特权阶层的门口时，都不会做介绍。但出去几米的时候，他们会和客人说“看见刚才那个大门没，那是XX家”。对于和他们生活在同一空间下的特权阶层，居民们会把握好一条红线。

而对进入他们空间内的外国人，居民们通常持敬而远之的态度。曾有居民为社区里一个外国人家庭做过家政服务，因被外国人怀疑她偷窃而辞职。笔者采访这个外国人时，她说当时雇佣这个阿姨，因为她是北京人，又是邻居，请她做事很方便，不用住在一起，有事5分钟阿姨就可以到。但后来她发现自己开始丢东西，她和阿姨讲丢了什么东西时，第二天“丢”的东西就会出现，衣服、首饰都会丢。她认真地和阿姨谈东西不见这件事时，阿姨觉得被怀疑很受侮辱，就辞职了。邻居问阿姨辞职的原因，阿姨解释说外国人太苛刻。这样，别的邻居也没有人再愿意为她工作，选择了外国人，就失去阿姨这个中国街坊。尽管解除雇用关系，这位外国人还是选了一个节日到阿姨家送礼物表示友好。但阿姨以及她的邻居并不接受她，在“我群”和“你”之间，他们有明确的区分。

居民们对外国人入住后给他们传递的一些文化信息，没有表现出明显的排斥，但并不效仿。对于胡同里出出进进的外国游客，他们更是置之不理，并非常不愿意自己的生活被参观。

对胡同里的财富新贵，胡同居民是区分对待。和他们有共同记忆，愿意把他们当自己人的，他们也不拒绝。但是，对于胡同里隐身的财富新贵，他们并不屑一顾，认为那些人的财富得来的并不光彩。偶尔，当有人向他们打听胡同里财富新贵们要卖的院子时，他们有时说不知道，有时会说一些关于那个院子不好的话。比如，建筑风格上并不是传统的四合院，盖房子的时候他们看到用的木头是旧的，或说院里的房子太旧了，根本不能住等。他们在期待自己的房子增值的同时，并不希望这些突然拥有财富的新贵们的房子能卖个好价钱。他们和胡同里的外国人，新贵以及特权之间的关系可以用图4—1来表述：

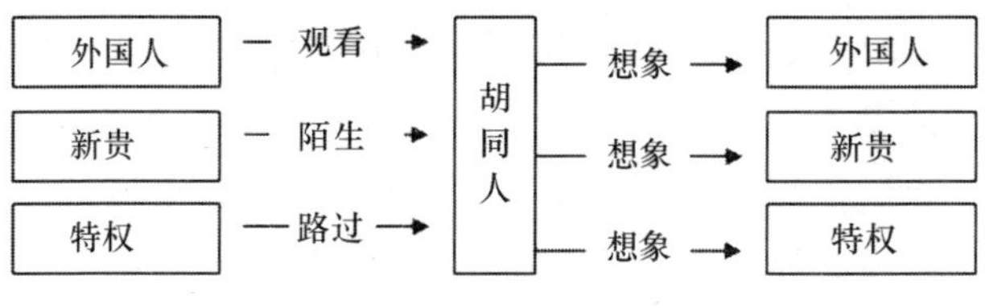

图4—1　被围攻的胡同居民

在特殊而有限的空间内，普通的胡同居民深受围攻，从空间上的蚕食，到阶层和身份上的压抑。胡同居民虽然生活在属于自己的空间内，但他们并不是自由的。从他们对空间的利用，到他们的生活方式，他们始终处于被观察中。

1985年，美国著名学者詹姆斯·斯科特根据自己在一个马来西亚村庄的田野调查出版了《弱者的武器》（*Weapons of the Weak*），该书的副标题是“农民反抗的日常形式”（*Everyday Forms of Peasant Resistance*）。农民的行动通常是隐蔽的、无组织的，他们很少进行革命和叛乱，因为这类活动是过于危险的，很容易遭到政府的镇压。正是在这种背景下，斯科特把注意力转向了农民的日常反抗，包括嘲笑、讽刺、磨洋工、开小差、装傻卖呆、小偷小摸、暗中破坏、流言飞语等。显然，这些都是“弱者的武器”。①

在胡同里，普通的胡同居民与在胡同里生活的其他阶层相比，在经济和地位上相对弱势，他们之间存在明显的贫富差距和阶层差距。普通胡同居民在其他阶层的围攻下生活。所以，他们与这些阶层之间也存在一定的斗争。这种斗争不表现为正面的冲突，而是通过某些事件或案例来隐涉他们对其他阶层的不满。比如，居民们更愿意谈过去曾在社区居住过的名人，以及名人与他们之间的互动而避免谈他们和现在胡同里的特殊居民的关系。一位老胡同居民说，他年轻时在北海公园玩，碰到了朱老总，他向朱老总问好，老总微笑地回应他“小鬼好”。

他们在谈到一些在胡同里发生的偷盗等越轨和犯罪事件时，就说一定是误会，北京人没人敢在胡同里作案等来维护自己阶层的利益。他们往往会详细描述过去秩序中对自己有利的地方，并借此来反对当前的制度安排。居民们怀旧，谈分房、谈过去的免

---

① ［美］詹姆斯·C. 斯科特：《弱者的武器》，郑广怀等译，译林出版社2007年版，第351—367页。

费医疗，谈“容易”得到的工作，他们认为是社会变迁中经历的许多变革阻碍了他们的物质利益，他们有物理抗拒。对于胡同里居住的外国人，他们表面特别友好，背后却议论纷纷，对于外国人的礼物，他们并未表现出多少感谢。而新贵们则更愿意谈论现在，因为他们是现有制度安排的受益者。这样，胡同里就出现了几个不同的世界，普通居民带着怀旧情结的世界；外国人认识中国的世界以及新权贵们的利益世界。

第五章　社区死亡学与社区再生学

人类学或社会人类学田野研究的基本基调，是现代化对传统社区的冲击，以及社区的变迁研究。这种研究，实质上是社区死亡学。社区变迁或社区死亡的路径和方式有很大的差异。但是传统社会的衰落乃至消亡是不可避免的，人类学对原始部落的观察本身就是一种文化入侵。北京胡同社区是一种非常特殊的社区，它即非传统又非现代，是转型中的社区。它还带着传统社区的神话，而社会变迁已给它打上深深的烙印。

马林诺夫斯基在《文化论》中强调说："人因为要生活，永远地在改变他的四周。在所有和外界重要接触的交点上，他创造器具[①]，构成一个人工的环境……在人类生活最原始的方式中，都是靠了工具间接地去满足的。世界上是没有'自然人'的……器物和习惯形成了文化的两大方面——物质的和精神的。器物和习惯不能缺一，它们是互相形成及相互决定的。"[②] 马氏将人圈定在一个文化框架下进行研究，他认为世界没有自然人，人都是生活在文化中的，而文化又必须由物质文化和精神文化组成，物质文化包括容易触摸的比如房屋、船只、工具以及武器等文化，

---

① 器具指文化的一部分："文化是指那一群传统的器物、货品、技术、思想、习惯及价值而言的，这概念实包容及调节着一切社会科学。"摘自［英］马林诺夫斯基:《文化论》，费孝通译，中国民间文艺出版社 1987 年版。

② ［英］马林诺夫斯基:《文化论》，费孝通译，中国民间文艺出版社 1987 年版，第 2—9 页。

这些是模塑和控制人的工具。在北京的胡同社区，普通居民越来越改变不了他们所赖以生活的物质文化，他们被神秘、强大的命运所拨弄，如任凭狂风摆布的芦苇。他们在对物质文化无能为力的时候，精神文化也日益分崩离析。这种状态下，社区已非原来的社区，它只是原有居民在固有的物质空间下青苔附石般的残存，剧烈的城市化的力量已将它几近吞噬。社区在以不同的方式死亡，胡同社区的死，虽非是物质文化的彻底消亡，但是精神文化已消失殆尽。

第一节 社区之死

对于一个社区存在的要素，学界的认识几乎是一致的，区域、人、社会互动和社区认同等。① 吴文藻先生认为社区至少包括三个要素：（1）人民；（2）人民所居处的地域；（3）人民生活的方式或文化。② 胡同作为地理空间，虽然在区域上因位置的特殊性而受到保护，但胡同人口结构老龄化严重；未婚、离婚比例高而导致家庭继替无以维系；空间压力亦使家庭矛盾上升，从而导致部分家庭纽带的断裂，社区的要素之一“人”，变得越来越少而越来越需要借助于第三方的社会交往打破了社区原本的互动模式。社区人口混杂和凸显的财富、地位的差异降低了胡同居民之间的认同。因此，胡同作为空间可能会存在，但是，作为一个社会实体，它已消耗殆尽，走向尽头。陈长平在研究《逝去的四合院》时写到，早在推土机到来之前，传统意义上的四合院文化已经消失了，盖满仓房的“大杂院”，早已只有“四合”而无

① 丁元竹：《理解社区》，《中国农业大学学报》（社会科学版）2008 年第 4 期。

② 吴文藻：《现代社区实地研究的意义和功用》，《吴文藻人类学社会学研究文集》，民族出版社 1990 年版。

“院”了。[①] 四合院的空间格局和文化秩序都变了，传统的胡同文化亦要发生改变。如果认为这种文化上的消失和被替代也是社区死亡的一种方式的话，那么，目前的胡同起码在经历两种不同的死亡：一是空间上的消失；二是社区居民的衰退和被替代。

一　空间的消失

北京有3000多年建城史、850余年建都史，几经朝代兴亡和城垣变迁。元代时北京有“384火巷，29通”之说，即街巷胡同共有413条。从明到清，北京内城的街巷胡同基本得到了承续，外城的街巷胡同则有较大的变化和发展，但明清两朝的胡同普遍变得狭窄，尤其是外城，这一现象更为明显。[②] 明代张爵的《京师五城坊巷胡同集》一书记载，明朝北京共有街巷胡同约1170条，其中直接称为胡同的约有459条。清朝朱一新的《京师坊巷志稿》一书记载当时街巷胡同达2077条，其中直接称为胡同的约有978条之多。到了晚清，大清国日益衰败，北京城也随之开始衰落。在经历了动荡的民国时期，特别是经受过日军的侵占以后，古都北京已显沧桑。民国以后，北京的街巷继续增加，根据1931年出版的陈宗蕃《燕都丛考》，当时的北京共有2623条大街小巷，其中有959条胡同。而根据1944年日本人多田贞一在《北京地名志》一书中的记载，当时北京共有3200条胡同。到了新中国成立之前，北京的城市建设基本停顿，各种市政设施大部分失修或毁坏、废弃，四城之内，特别是南城垃圾成堆。但截至1949年新中国成立，北京城区有名的街巷胡同依然有6074条。[③]

---

① 陈长平：《逝去的四合院——北京某单位宿舍院社会文化变迁的空间分析》，博士学位论文，中央民族大学，2000年。

② 尔泗：《北京胡同丛谈》，北京社会科学院1981版，第45页。

③ 朱维毅：《珍爱北京胡同》（http：//wenku. baidu. com/view/e30b604f852458fb770b56e4. html）。

截至2003年底，北京老城四区共存胡同1928条。[①] 据估计，在1990—1998年，北京旧城约40%被摧毁，约有32000个家庭，10万人没有得到安置。[②]

2011年3月，北京市著名的胡同之一南锣鼓巷的一部分因修建地铁而拆迁。南锣鼓巷这个保持了传统的胡同结构和大量传统四合院，被誉为北京旧城内保存最完整的四合院最集中的地区之一，元大都遗留至今的城市形态片段的活化石，所谓“鱼骨式”格局也变样了，机器轰鸣中，胡同在消亡。但是，即使不因为城市规划，任何一种建筑的存在，都有它的物理寿命。意大利人一直视竞技场为民族的灵魂，在保护上不遗余力，他们说：“何时有竞技场（Colosseo），何时就有罗马，当竞技场倒塌之时，也是罗马灭亡之日。”但是如今，庞贝古城内院墙纷纷倒塌，金宫部分房顶坍塌，距金宫一步之遥的科洛西姆圆形竞技场也出现磨损迹象。[③] 也就是说，任何一种物理存在，都可能会消亡，但保护可以留住其物质以外的东西，而北京胡同在保护方面，物质、精神几乎一概不留。城市规划学家周干峙先生曾说，我们一边在破坏文化遗迹，一边又在建“假古董”，建了一堆非驴非马、非古非今的东西，这是城市建设中的形式主义。[④] 法国《费加罗报》评价中国拆除胡同的行为为文化自杀，“似乎没有什么可以阻挡住这场文化自杀，把自己伟大的文化变成平庸”。不管新的文化体系是平庸还是伟大，至少作为一种物质文化的胡同在经历着死亡。

---

① 参见段炳仁《北京胡同志》，北京出版社2007年版。

② Fang K. 2000, *Contemporary Redevelopment in the Inner City of Beijing Survey, Analysis and Investigation*, Beijing, China Construction Industry Publishing House, p. 347.

③ More walls collapse at Italy's ancient city of Pompeii, http://www.bbc.co.uk/news/world-europe-11890382.

④ 曹家骧：《记忆中的四合院：老北京民居如今陷入怪圈》，《文汇报》2010年3月4日。

二　老居民的衰退和迁徙

新中国成立几十年来，中国经历了几次大的变迁。几次变迁使原有的社会结构彻底改变。如“文化大革命”，它对大批的知识分子和革命干部造成了冲击，一些普通工人和农民在造反运动中成为新的政治贵族。而1978年以来的经济改革，私有产权的恢复和市场经济的发展培育了一个新富阶层，同时一批新的政治精英和文化精英涌现出来，工人和农民逐渐沦为经济社会的底层。

就笔者调查的胡同而言，它作为一种物质文化消亡的同时，生活于其中的居民也在衰退。现在胡同里生活着几类人，分别是：（1）特殊阶层；（2）海外人士；（3）胡同里的新贵族；（4）老胡同居民；（5）低收入白领及蓝领人士（外地人）。这些人的家庭和经济状况受他们的职业和年龄的约束严重。年轻的外地人或因较高的教育水平，或因具备体力而获得能够在城市维持生活的工作，成为低收入白领或蓝领人士，因工作方便或房租低廉，他们寄居在胡同里。特殊阶层因为具有权力和地位而入住胡同，成为胡同里的特殊居民。高收入的海外人士因具备经济上的资源而有能力在胡同里生活，享受所谓真正的北京四合院文化；胡同里的新贵族亦因权力或经济实力等成为胡同里的崛起阶层。老胡同居民则受职业、教育和文化等方面的影响，在走下坡路。图5—1可以描述胡同里的社会分化。下文将胡同里的特殊居民，外国居民和新权贵统称为有闲阶级。对有闲阶级的定义有多种，这里指他们在经济上占优势，消费上争取高消费标准，超过物质生活所必须，文化上有优越感的群体。①

① 参见凡勃伦《有闲阶级论》，商务印书馆1964年版，第7页。

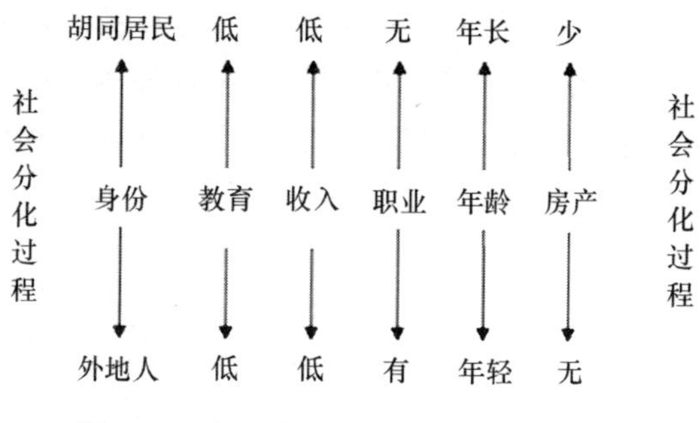

图 5—1 胡同居民和普通外地人的分化

图 5—1 是胡同居民和普通外地居民之间的分化。但事实上，他们之间最大的差异是身份的不同。胡同居民可以通过身份而获得外地人只能通过工作才能得到的收入保障，但他们之间的互动维持着胡同作为一个社会实体的运行。胡同居民用自己的房屋吸引外地人，收取房租并将房租用于购买外地人廉价的服务。而外地人通过出卖自己的服务在社区里获得了生存的空间。他们之间的经济循环如图 5—2 所示。

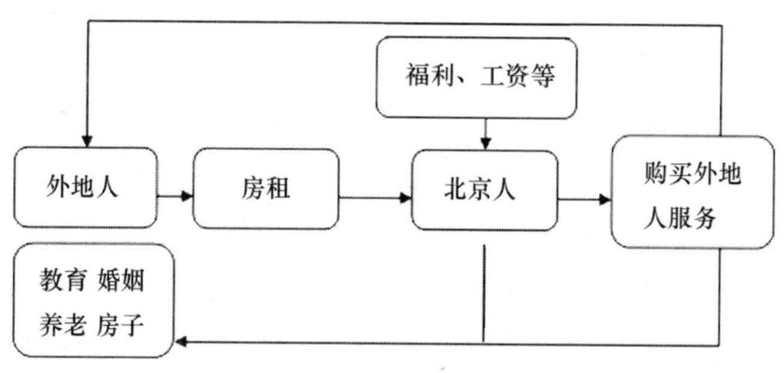

图 5—2 胡同里的经济循环

胡同居民作为北京人的身份和他们有限的房产与胡同里的有闲阶级相比，甚是微不足道。他们的权力、财富、地位等几方面与有闲阶级都没有可比性。在经济循环方面，有闲阶级并不依赖于普通的胡同居民，他们之间虽然在同一区域，但属于两个世界。胡同居民的身份和房产只能帮他们满足最基本的生存需求而不能解释为所谓的财富，事实上，在整个分化的过程中，胡同居民已经被边缘化。

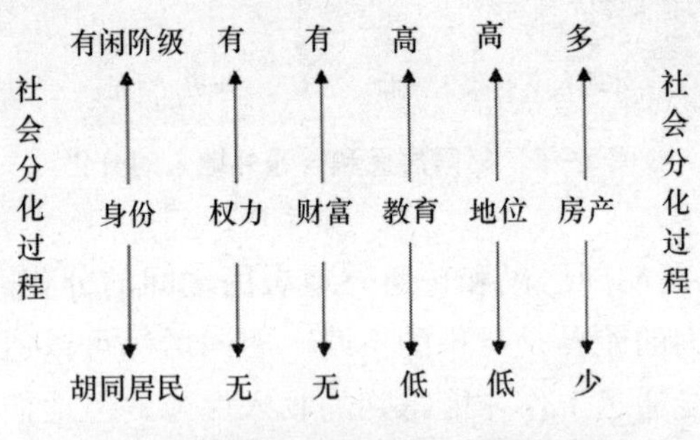

图 5—3 胡同居民和有闲阶级的分化

胡同里的社会分化事实上是 20 世纪 90 年代以来社会分化的一种微观呈现。20 世纪 90 年代以来，持续扩大的社会经济差异导致了阶层分化的现象，社会阶层结构的雏形开始显现，它对人们社会流动的影响日益明显。根据李春玲等对 20 世纪 90 年代流动情况的分析，在人们的社会流动过程中有三道因阶层分化而导致的结构屏障。第一道屏障是源于是否占有最重要的资源种类（权力资源和经济资源）而导致的阶层分化，没有这两种资源的阶层想要跨越这道屏障进入拥有这两种资源的阶层是有一定困难的。第二道屏障是源于劳动技术分工（白领职业与蓝领职业）或者说拥有文化资源与没有文化资源而导致的阶层分化，蓝领阶层想要上升流动进入白领阶层比以前困难得多，各种种类的学历文凭和资格认证构成了这道屏障的基础。第三道屏障存在于有机会争取到就业岗位的人与没机会获得工作的人之间，那些既没有权力资源、经济资源和文化资源也没有社会关系资源甚至连最基本的人力资本也缺乏的人，被抛入底层社会而难以寻求到改善境遇的机会。同时，流动屏障以及各阶层的流动方向，为我们勾画出当代中国社会结构的基本形态。阶层分化导致的第一道流动屏障区隔了社会上层和社会中间层。构成上层社会的两个优势阶层——党政官员阶层、经理人员阶层和私营企业主阶层，控制着大量的权力资源和经济资源，它们在社会流动方面表现出一些共性，它们通常是人们社会流动的最终目的地，不同程度地表现出只进不出的特性以及对来自下层社会成员的排斥性。商业服务业员工、产业工人和农业劳动者构成了社会下层，由于优势社会阶层的"封闭性"和"排斥性"的增强，它们的上升流动遇到越来越大的阻力，同时，他们也随时有可能因失去工作而落入社会底层。

参考李春玲的分析以及图5—1、图5—3的社会阶层分化过程，不难发现普通胡同居民因工作的区隔而成为社会的下层甚至底层。教育、培训的缺失以及阶层分化本身的封闭性，使他们几乎丧失了向上流动的机会，而成为与农民劳动者同处一个阶层的无业、失业、半失业者阶层。社会的变迁使他们曾经很重要的资本，如工人阶级的身份等失去了意义。他们无特殊专业技能，由体制内流向体制外，而在体制外，他们也缺乏如财富等能够使他们转型的资本。所以，胡同居民在几十年的社会变迁中，不断向下流动。另根据美国社会学家史域奇（E. Shevky）、威廉斯（M. Williams）和贝尔（W. Bell）20世纪40年代末和50年代初通过对美国洛杉矶和旧金山的研究表明，随着工业社会规模不断扩大和工业化的深入，城市社会组织复杂化。表现为人口结构的变化，如人们的流动性加快，年龄和性别分布状况改变。移民涌入城市，并且同种族或同乡的移民聚居在一起，对其他种族或异乡人有排斥倾向，种族隔离加重。这就导致具有大致相同生活标准，相同生活方式，以及相同社会地位的同质人口的汇集。①

① Ley, D., *A Social Geography of the City*, New York: Harper & Row Publishers, 1983. pp. 55 - 95.

而目前的胡同，也在成为一个生活标准相对低下的人口汇集的社会空间。就是说，胡同正逐渐成为贫民化的社区。而胡同居民原本具有的诸如身份等级、房屋等资本，亦在社会变迁中显示出了不确定性。中国第六次人口普查的数据显示，北京常住人口1961万人，尽管对拥有北京户口有重重关卡限制，但具有北京户籍身份的人口在这个城市并不稀缺。也就是说，胡同居民作为资本的户籍身份在社会变迁中，除了可以换取底线福利外，越来越显示不出重要的优势。胡同的秩序在根据财富、权力和技术重新洗牌。老北京居民在这个过程中，连同它的文化在一起走向暮年。

另外，在本书第二章中讲到，胡同里有经济能力的北京人基本都搬离了生活不太方便的胡同，或者至少在其他社区有房子。而留在胡同的人，居住拥挤，生活水平普遍低下。在这种情况下，他们的结婚率低，生育率也低。这与美国中西部的汽车重镇底特律有些相似。底特律拥有通用、福特、克莱斯勒三大汽车巨头，20世纪50年代进入鼎盛时期，常住人口一度达到180万人。然而汽车业不景气、房地产泡沫破裂以及金融危机等多重打击加速了底特律的衰落，这个城市不仅人口数量缩水，犯罪率和贫困率也处于全美前列。现在人们提到底特律时，常以“死亡之城”相称。北京作为国际大都市，政治中心，不会成为死亡之城，但胡同社区正在死亡。

美国人口普查局2010年12月公布的报告显示，2000—2010年，底特律所在的密歇根州共流失人口5.4万人，为同期全美唯一一个人口出现负增长的州。2010年底特律人口跌至71.3万人①，为1910年以来的最低水平。北京的统计数字虽然不能具体说明胡同人口事实上在减少，但笔者的调查中发现，胡同里有的院子完全是外地人居住，有的院子户在人不在的居多。比如NNY

① 美国人口统计局（http：//2010. census. gov/2010census/data/），2011年4月10日。

胡同一个院子登记有 18 户，60 多人，事实上在那里居住的只有 3 户，8 个人，其他都是户在人不在，以出租为主。可以肯定地说，胡同里北京居民的人数是在下降的。

三　移民的替代

欧洲和美国历史上，工业化一直伴随着大规模的移民。欧洲农村人口大规模移向城市、产业革命相对较晚的东欧人口大量移向西欧、亚洲人口大规模移向北美洲等，都是伴随着现代工业化出现的。移民在到达新的土地之后，自然地试图建立类似于传统社区的生存环境，有些人经过奋斗，也建立了类似的社区，比如唐人街、犹太聚居地、意大利人聚居地、德语区等。它们不可能照搬移出地的传统社区，而是接受并且依赖社会主流文化和政治经济制度。但是，他们自己的文化和传统又影响着当地人的文化和生活。在一项对孟买的调查中，当地人认为移民工作非常努力，愿意从事低收入的工作，而且移民的到来影响到了他们的生计。在经济和文化上，他们与当地人有冲突，影响地方社会的重构。但移民对当地人和地方政治并没有太大兴趣，他们大多数时间都花在工作上了。全国各地来到孟买的人在这里生活，因为他们在对城市做出贡献的同时，可以获得经济上的收入。①

从全球来看，移民的确会对地方社会带来影响。移民数量大，整合程度强，具有流动性和灵活性。移民可能会影响地方社会的文化协调性和稳定性。移民的进程就是文化变迁的过程。②这种文化是移民、当地人和移民家乡人的文化的反映。比如，他们之间的话题越来越广泛，这三方表现或有不同，但在经济方面

① Comparative Study of Economic and Social Struggle between Migrants and Non-Migrants, October 4th, 2010.

② Laura Tabili, Global Migrants, Local Culture: Natives and Newcomers in Provincial England, 1841 - 1939, 2011.

他们会有个共识。文化和认同在一个社区中会起到很大的作用，但文化和认同的影响因素可能与物价或收入有关系。经济学文章也经常会出现认同或文化等词语。①

以胡同为例，外国人、外地人的旅游对胡同带来的冲击较小，外国人入住胡同对胡同的文化影响也不大。外国人只是享受一种与自己想象中的中国文化相匹配的环境，而并不在小范围内与当地人产生生存或文化上的竞争。他们并不想用自己的观念或行为影响当地人。一些外地的胡同贵族也不会对胡同文化带来太大的影响，因为他们并不与胡同居民产生互动，他们与胡同居民只是互相观察的对象。真正给胡同带来冲击的是胡同里低收入的白领和蓝领外地人，他们数量大，与胡同居民密切接触，甚至产生婚姻，在文化上相互影响。既有数量上的替代、经济上的依赖，又有文化上的冲突和融合。胡同里，本地人人口老龄化，单身人口多，生育率低；而外地人在不断涌入，人数不断壮大，他们年轻，生育率高，为了生存在不断进取，除了较少的地域政治的参与，他们在文化上与当地人融合，角色上在替代。也就是说，现存的胡同文化已经不完全是北京人的文化，而且按照目前的状况看，胡同的存在和保留可能更多地起到建筑文化保留的作用，移民在替代着当地的人口和文化。

第二节　社区再生学

传统社区的死亡或转型是社区的宿命，面对这种死亡的状况，我们或许需要创立社区再生学，来探索社区的重生之道。事实上，学界关于社区重建的脚步从来没有停止过。西方社会学强

---

① I. N. Gang, Epstein, Migration and Culture, Emerald Group Publishing limited, 2010, 8.

调社区再生（Community Regeneration），主要关注良好环境下发展可持续的社区、提供优质的住房、平等的机会和满足居民的需求。

一　乡村社区再生的探索

杰夫逊（Mark Jefferson）在很久以前就已经注意到的，城市和乡村是一回事，而不是两回事，如果说一个比另一个更重要，那就是自然环境，而不是人工在它上面的堆砌。① 费孝通先生早在 20 世纪 40 年代的乡土重建中，就提到都市兴起和乡村衰落在近百年来像是一件事的两面；但也同意从理论上说，乡村和都市本是相关的一体。因此，关于费孝通先生“乡土重建”的思想我们可以借鉴，用于反思城市社区的重建和再生。

民国 12 年，费孝通先生用了将近两个月的时间对开弦弓村的生丝精制运销合作社进行了详细的考察后，将发展乡村工业看作中国农村乃至整个中国发展的出路所在。在他看来：“以往种种乡村建设的尝试，似乎太偏重了文字教育、卫生等一类并不直接增加农家收入的事业。这些事并不是不重要，但是它们是消费性的，没有外力来资助就不易继续。要乡土在自立更新的原则中重建起来，一切新事业本身必须是要经济上算得过来的，所以乡土工业可能是一种最有效的入手处。”② 费先生认为乡土工业重建，目的是要提高农民的收入。针对批评，他说：“我的确不主张不管三七二十一地把乡村手工业加以破坏。我是着眼于农民的生计，他们的收入……除非有人主张我们不必去安定乡村经济，不妨利用乡村衰落、人口外流的机会，获取便宜劳力在都市里发展工业，我这种平凡的看法可能是比较切实的。如果觉得我这种看法不太进步，我很愿意知道怎样才能更快的可以使农民大众得

---

① 吴良镛：《人居环境科学导论》，中国建筑工业出版社 2001 年版。

② 费孝通：《乡土中国与乡土重建》，风云时代出版公司 1993 年版，第 231 页。

到工业化利益的方案。”[①] 他认为若都市靠了技术的方便，代替农村来经营丝业，就会使农民破产，向都市集中，在农村方面，是经济的破产，在都市方面，是劳动后备队的陡增，影响到都市劳动者的生计。[②] 中国工业化所需要注意的另一个问题，是沟通乡村和都市的联系，形成两者之间良性的互动。另一位致力于乡村建设的梁漱溟先生则更重视乡村教育运动。1931 年，他在邹平创办山东乡村建设研究院，并陆续有关于乡村建设的论著问世。梁漱溟的社会现代化转型思路以文化与政治经济为双轨，以社会组织建设为关节，以知识分子为主导推动，以教育为主要手段。[③] 梁漱溟主张以农业来引发工业[④]，主张平民教育和社会改造的晏阳初曾总结，中国农村的问题千头万绪，但最基本问题可以用四个字概括，这就是：愚、穷、弱、私。所谓愚，指中国大多数人民缺乏知识，是目不识丁的文盲。所谓穷，是说最大多数的人民生活，是在生与死的夹缝里挣扎。所谓弱，指大多数人民是病夫，根本谈不到科学治疗与公共卫生。所谓私，指大多数人民不能团结，不能合作，缺乏道德陶冶与公民训练。有这些基本的缺点，任何建设事业都是谈不到的。要从根本上解决这四个基本问题，晏阳初提出了四种教育，即文艺教育、生计教育、卫生教育、公民教育。以“文艺教育”培养知识力，以救农民之“愚”；以“生计教育”培养生产力，以救农民之“穷”；以“卫生教育”培植强健力，以救农民之“弱”；以“公民教育”培植团结力，以救农民之“私”。这四种教育，包括了平民生活的一切，他们相信，如果这四种教育办得好，社会便有了基础。[⑤]

① 费孝通：《关于“城”“乡”问题》，《费孝通文集》（5），群言出版社 1999 年版，第 404 页。

② 费孝通：《复兴丝业的先声》，《费孝通文集》（1），群言出版社 1999 年版，第 240 页。

③ 梁漱溟：《乡村建设理论》，上海世纪出版集团 2006 年版，第 170—177 页。

④ 梁漱溟：《梁漱溟全集》，山东人民出版社 1991 年版。

⑤ 晏阳初：《晏阳初全集》（1），湖南教育出版社 1992 年版，第 12 页。

综上，不管是费孝通先生的乡土工业发展还是梁漱溟先生的乡村教育运动，都是以振兴乡村为目的的。费孝通先生认为增加农民收入，使农民在工业化中受益是最根本要解决的问题。尤其他看到技术的发展不仅会导致农村经济的破产，还会影响到都市的生机。所以，工业化的发展，要讲究城乡良性互动，这是非常具有前瞻性的，后来也证明，乡村工业的振兴确实提高了农民的生活水平，但却带来了严重的环境污染。晏阳初和梁漱溟先生的乡村重建更注重乡土文明和乡土伦理的建设。新近学界关于农村建设的主张有对前辈学者的继承，如经济学学者林毅夫所倡导的“新村运动”，主要是加大农村基础设施建设，增加农民收入，提高农民消费水平。温铁军的主要主张是发展农村经济合作组织，开展农民文化娱乐活动等，其背后是一种与主流的形式主义经济学相对应的一种实体主义经济学。发展经济是为了农民自身的需要，而不是将经济发展本身作为一种目的，他继承晏阳初先生在定县办学院。另一种较为有代表性的主张是贺雪峰提出来的，这一主张认为文化建设重于经济建设，新农村建设实质上是要重塑农村生活的价值合理性和主体性，重建农民的生活方式，其背后乃是一种经济人类学或曰社会学的学术理路，这一主张的目的仍然是要提高农民的福利，只不过更加关注农民的主观福利，也就是农民精神层面的收益。①

不管是增加经济收入，改善生活方式，提高文化水平，还是增加福利，都是社区再生的路径选择。而这些路径选择的根本共同之处就是提高农民的生活水平。

二　城市社区再生的探索

“城市再生”（Urban Regeneration）是欧美及日本许多已进入

① 罗兴佐、申端锋：《新农村建设的经济理路》，《天津行政学院学报》2006年第3期。

后工业化社会的城市，面对经济结构调整造成城市经济不景气、城市人口持续减少的困境，为了重振城市活力，恢复城市在国家或区域社会经济发展中的牵引作用而提出来的。“再生”一词有对损失或毁坏的事物进行修复或再造的意思。

关于城市的重建，黑川纪章认为将建筑和城市看作在时间和空间上都开放的系统，如生命组织一样；强调过去、现在和将来的历时共时性，以及不同文化的共时性；复苏现代建筑中被丢失或被忽略的要素，如历史传统、地方风格和场所性质；重视关系胜过重视实体本身。黑川纪章 20 世纪 70 年代以前的“新陈代谢”思想认为城市和建筑不是静止的，而是像生物新陈代谢那样处于动态过程中。[①] 就我国而言，新中国成立以后开始大规模的城市更新改造。改造的类型有城市老工业区改造，城中村改造，大城市的“去工业化”与“第三产业化”，郊区化与“绅士化”，城市社区建设与就业、城市历史文化保护和利用以及城市再生的法制建设、规划和管理。碰到的问题如城市开发区过度发展，土地闲置；开发改造规模过大，城市历史文化保护不尽如人意；城市景观特色丧失；高层建筑盲目发展，城市中心区容量过高；传统社区解体，文化多样性丧失；房地产开发监控不力，拆迁引起的市民利益损失；过密开发和工厂迁移不当造成新的交通和环境问题等。

“城市空间持续再生”就是对现状或过去的保存及复原，它强调在正确把握未来变化的基础上，更新城市功能，改善城市人居环境。从目的上看，它寻求某一亟须改变的城市空间的经济、物质、社会和环境条件的持续改善；另外，它可以被视为一项旨在解决城市问题的综合、整体的城市开发计划与活动。关于城市再生并没有统一的模式。[②] 以英国为例，它的城市再生通常要在

---

① Kisho Kurokawa, *Metabolism and Symbiosis*, Berlin: Jovis, 2005.

② 张艳：《城市再生问题的理论思考》，《中国城市化》2010 年。

了解地方问题、环境及社区的基础上，做到以下几点：制作蓝图，规划未来，改善环境，创造良好的交通网络，发展基础设施。

三　菊儿胡同的改造，城市社区再生的案例

菊儿胡同改造的案例是社区再生典型案例之一。①

菊儿胡同，明代属昭回靖恭坊，称局儿胡同。清代属镶黄旗，乾隆时称桔儿胡同，宣统时称菊儿胡同，民国后沿称。1965年整顿地名时改称交道口南二条，“文化大革命”中一度改称大跃进路八条，后复称交道口南二条。1979 年将小菊儿胡同并入，复称菊儿胡同。菊儿胡同全长 438 米，宽 6 米，东起交道口南大街，西至南锣鼓巷，属交道口街道办事处管辖。菊儿胡同 41 号原为一寺庙，据传庙里的第一个和尚是皇帝的替僧。3 号、5 号、7 号原为清直隶总督大学士荣禄府邸（后迁东厂胡同），其中 3 号是祠堂，5 号是住宅，7 号是花园。新中国成立后，7 号曾为阿富汗驻华大使馆。现胡同内有北京一轻研究所等单位，余为居民住宅，胡同北侧大部分已拆建成楼房四合院。②

北京大规模的城市改造发生在改革开放以来的城市规划和改造期间。20 世纪 80 年代以来，国家住房政策的改革推动了全国住房建设的进展。北京市人民政府也相应成立了住房改革办公室，拟定了具体政策，并把危旧房改造的职责下放到区，各区充分发挥了地方的政府职能。菊儿胡同在此期间被列为北京危旧房改造项目。

1987 年吴良镛教授开始以菊儿胡同为试点改造。第一批工程是菊儿胡同 41 号院。该院居民非常拥护住房制度改革，曾两次给市长写信，迫切希望改善自己的居住条件和生活环境，有自己

① 孙健：《菊儿胡同住区模式研究》，湖南大学硕士学位论文，2008 年。

② 段炳仁：《北京胡同志》（上），北京出版社 2007 年版，第 17 页。

买房的积极性。在改造之前，菊儿胡同的41号院外部环境条件差，地势低于院外马路80—100厘米，院内易积水；居民的住房条件很差，人均建筑面积为7—8平方米，最差的住户人均建筑面积仅为5.3平方米。院落中普遍建有简易房，建筑密度达83%，有2/3家庭无日照，近80人居住的院落只有一个水龙头、一个下水道，公共厕所远在院外100米处，属于典型的“危、积、漏”地区，环境质量亟待改进。

在北京市住房体制改革办公室的协助下，1987年吴良镛教授带领师生组成的课题组选定菊儿胡同作为住宅调查及居民参与改建研究的试点。从此，新四合院住宅开始进入建设实践与研究相结合的新阶段。从1987年起到1994年末菊儿胡同在拆除出的1.255公顷用地上建成了两期共2万余平方米面积的、拥有13个新四合院院落建筑的建筑群。原有的236户居民居住情况得到根本改善。菊儿胡同新四合院住宅工程创造了若干个“第一”：首批被拆除的原41号院居民成立了北京第一个组织危旧房改建的住宅合作社；第一期工程是北京第一批危改结合房改的试点；获国内外奖项最多，其中1992年世界人居奖和1992年亚洲建筑师协会优秀建筑金奖是我国建筑师在国际首次获得的此类奖励。

菊儿胡同新四合院工程的设计在设计思想方面，从北京旧城“大杂院”的现实出发，运用规划设计手法，把住房重新加以合理地组织，构成新的庭院空间，以适应现代化生活要求，称为“新四合院”。在与旧城的整体衔接上，注意寻找旧城内在的“肌理”，抓住它的“体形结构”组成的内在规律，并利用它以确立设计的准则。从城市尺度分析，北京有长达8公里的中轴线贯穿全城，加上在它的两侧与之相平行的贯穿城市南北的两条主要交通干线，是“鱼骨式”交通体系的“脊骨”，连贯全城的命脉，与北京中轴线这一主要艺术骨轴相辅相成。在第一期工程试点基础上，进行第二期试验的规划设计时，规划思想继续有所发展：以“标准院落”为基础，结合保留的树木可以组成空间大小、形式不一的院落体系，这些院子根据具体情况可以有不同的出入口；以新的里巷将“新四合院”串通起来，串联成组。而构成新的里巷（胡同）体系。这是基本院落之间联系方式的进一步发展，即将联系通道从院内移至院落外，各院落可以借助里巷串联起来，里巷从合院间穿行，对院落减少干扰。

在新四合院的设计中，注意美好院落空间的设计：掌握好四周建筑尺度，努力避免有“井”的感觉；院内外增加附属建筑，如花架、坐凳、铺地等，以增进院落的“生活意趣”；精心保留并充分利用原有树木，使院落的小景丰富而有变化；利用坡顶修建楼阁与平台，在有限的建筑高度内，争取最大可能的建筑空间和室外空间，楼阁的变化还可以增加建筑群轮廓线的变化，从整体上构成屋顶的韵律美；利用传统建筑语言（如民居大门、影壁、砖雕）予以新的创造，丰富建筑物文化内涵。

总之，菊儿胡同住宅楼设计参照了老北京四合院的格局又吸收了公寓式住宅楼的私密性的优点，整个布局错落有致。功能完善设施齐备的单元式公寓组成的“基本院落”，是新四合院体系的要素。在保证私密性的同时利用连接体和小跨院，与传统四合院形成群体，保留了中国传统住宅重视邻里情谊的精神内核。用二三层的单元楼来围绕原有树木作为庭院形成“类四合院”。胡同中的树木尽量保留，原有的每一棵老树不但受到精心呵护，而且在设计中占有一席之地，再结合新增的绿化、小品，新的院落构成了良好的“户外公共客厅”很有趣味。

菊儿胡同的改造属于胡同社区的保护性再生，改造后的菊儿胡同新四合院，每家使用面积分别为 45 平方米、70 平方米和 90 平方米，让中等收入的家庭也能买得起、住得起。改造后人均住房面积已达到 10 多平方米。关键是，胡同的改造使居民留在胡同，而且生活空间得到了改善。这样的方式，有利于居民“集体记忆”的留守，也增加了居民的归属感，是对建筑文化本身及其居民保护的典范案例。

四　胡同保护性再生的建议

目前生活在胡同的居民异质性强，普遍收入较低。保护胡同的建筑文化和生活文化，要保护居民的生存利益。在社区改造中，正如朱晓阳说的，首先是要建构包括穷人和其他社区成员在内的共同体，使穷人在社区中感到是一个社区的成员，有安全感。西方福利国家在以社会控制为核心的反贫困方面的一大失败就是将穷人从社区中隔绝出去，使他们成为被烙印上“越轨”标签的社会群体，形成“贫穷”的认同和“贫穷”文化群体，因而使他们永远也没有机会脱离“贫穷”。目前胡同已经逐渐贴上“贫民窟”的符号，假设贫民窟真的与传统保护画了等号，那么保护的意义是需要质疑的。因此，要消迩这个符号，改变胡同社区的现状，需要进行社区的整合和发展。具体措施方面，可以考虑：

1. 动员企业和民间力量对胡同进行保护。目前的胡同维护工程，似乎缺乏经济性，但旧城整体保护为北京带来的潜在收益和文化意义会非常可观。由于大多数胡同位于房地产开发公司炙手可热的中心地带，而且，目前不少胡同社区事实上也在开发中，因此，不妨在让开发房地产业的公司受益于北京发展的同时承担对北京老城维护的义务。当然，这样做的前提是政府需要有完整的关于旧城保护的规划。英国的 1 英镑城堡也是可以参考的形式。

2. 欧洲古城之所以在不改变历史面貌的情况下做到公共交通基本顺畅，其典型的做法首先是规划建造新城，老城重点职能定为服务、旅游、行政管理三大块，从而减缓老城的人员流动压力，以罗马为典型。类似的方案梁思成在新中国成立后曾经提出过，遗憾的是没有得到采纳。现在旧城人口压力大，交通拥堵。缓解这种压力，还是要开发新城。

3. 世界名城佛罗伦萨是一座保存完好的古城，它一方面吸引了世界各地的游客纷至沓来，另一方面也造成了对古城环境的压力甚至破坏。为此，尽管旅游业已经为这座城市的经济发展带来了巨大效益，但该市还是实施了收取进城费的规定。而目前的北京的胡同游，事实上受益者最主要的是旅游公司，胡同居民并没有从中受益。政府可以考虑保护性开发胡同旅游。也有学者提出将胡同人口整体移民，单纯保护胡同建筑，开发胡同旅游。但是，这种方案得不到胡同居民的认可，总之，胡同居民是胡同的主人，保护或开发，首先要以人为本。

4. 唤起民间对胡同文化保护的重视，目前，有一些个人和团体在为北京胡同文化的保护奔走，这部分力量政府应该支持，并与他们合作，真正做到胡同文化的保护。

结　语

“对一个有悠久文化历史的城市面貌你千万不要动脑筋去改变它，因为历史是不能改变的。这样的城市是一个博物馆，展品就是城市的古建筑群，扔掉这些展品换上现代人的东西，这个博物馆就不存在了，如果事后后悔了再仿造这些展品重新摆出来，博物馆仍然是不存在的，因为没有多少人愿意去看一个赝品博物馆。”① 这是一个德国教师在第二次游览北京后的感慨，因为他看到的北京，赝品多于真品。胡同作为城市这个博物馆的一部分，正在衰落、消失。这是不可否认的事实。

一个居住在胡同的老人说，胡同的建筑格局是很奢侈的，不说钱，单说北京2000多万人口，这样一个利用土地的方式，本身就是一种奢侈行为。但是，不保留不行，人们去希腊、去罗马，去看几块几千年前的石头，因为那是与众不同的文化。美国没有古迹，还要从欧洲买过去。历史的东西，不能全部丢掉，但怎么保留，是大问题。

---

① 朱维毅：《珍爱北京胡同》(http://www.cctv.com/geography/news/20021205/10.html)。

令人欣慰的是，北京市决定从2008年到2015年实施《北京市文物修缮保护利用中长期规划》，目标是围绕着北京名城保护、环境整治、北京古都风貌的恢复，开展文物修缮工作，通过中长期保护规划的维修，使北京皇城、内城、和历史名城核心区域的文物建筑都能恢复到历史最高水平，使北京（历史）名城内的历史建筑基本上能够展示原有的风貌。按照规划，从2008年起，北京市政府每年投入1.5亿元人民币，对全市文物建筑采取消减安全隐患、整治文物环境、进行日常保护维修等各方面的措施。

规划方案表示要对北京旧城里面大面积的四合院胡同进行保护和维修。通过环境整治，四合院的维修，使反映老北京也是最有特色的传统的四合院、胡同能够展示生态历史的原貌，这个方案给我们带来希望。相信在保护、整治和更合理的规划下，胡同可以尽展夕阳之美。

拆迁中的胡同

参考文献

中文文献

1. 北京建设史书编辑委员会：《建国以来的北京城市建设》，北京印刷二厂 1986 年版。

2. 北京市民政局：《北京市财政局关于调整 2011 年本市城乡低保标准的通知》（http：//bjshjz. bjmzj. gov. cn）。

3. 《北京市出租车司机生存状况调查报告》，《中国经济时报》2006 年 10 月 19 日。

4. 北京市统计局：《北京四十年——社会经济统计资料》，中国统计出版社 1990 年版。

5. 北京国际城市发展研究院：《2006—2010 中国城市价值报告》，2010 年版。

6. 北京市规划委员会等：《明清皇城》，北京出版社 2005 年版。

7. 《北京胡同》，《城市之窗》2009 年第 1 期。

8. 曹家骧：《记忆中的四合院：老北京民居如今陷入怪圈》，《文汇报》2010 年 3 月 4 日。

9. 崔敬昊：《北京胡同变迁与旅游开发》，民族出版社 2005 年版。

10. 陈长平：《逝去的四合院——北京某单位宿舍院社会文化变迁的空间分析》，博士学位论文，中央民族大学，2000 年。

11. 陈建功：《今日中国》1994 年第 9 期。

12. 陈明远：《20 年代北京人的生活水平》，《民间拾遗》2003 年第 4 期。
13. 陈占详、梁思成：《即出名的“陈梁方案”关于中央人民政府行政中心区位置的建议》，1950 年版。
14. 杜布林：《心理学与人际关系》，王佳艺译，中国人民大学出版社 2010 年。
15. 戴瑞克·乔治等：《人文地理学词典》，约翰威立国际出版公司 2009 年版。
16. 丁元竹：《理解社区》，《中国农业大学学报》（社会科学版）2008 年第 4 期。
17. 段炳仁：《北京胡同志》（上），北京出版社 2007 年版。
18. 冯骥才：《胡同，城市人文的根须》，《今晚报》2010 年 2 月 18 日。
19. 费孝通：《中国社会变迁中的文化结症》，《费孝通文集》（4），群言出版社 1998 年版。
20. 费孝通：《对上海社区建设的一点思考》，《文汇报》2002 年 6 月 23 日。
21. 费孝通：《乡土中国》，生活·读书·新知三联书店 1985 年版。
22. 马林诺夫斯基：《文化论》，费孝通译，中国民间文艺出版社 1987 年版。
23. 费孝通：《江村经济》，江苏人民出版社 1986 年版。
24. 费孝通：《费孝通谈缩小差距》，《民族团结》1986 年第 7 期。
25. 费孝通：《乡土中国与乡土重建》，风云时代出版公司 1993 年版。
26. 费孝通：《关于“城”“乡”问题》，《费孝通文集》（5），群言出版社 1999 年版。
27. 费孝通：《复兴丝业的先声》，《费孝通文集》（1），群言出版社 1999 年版。
28. 费孝通：《推己及人》，《读书》1999 年第 12 期。
29. 费孝通：《乡土中国生育制度》，北京大学出版社 2006 年版。
30. 顾朝林、王法辉、刘贵利：《北京城市社会区分析》，《地理学报》2003 年第 11 期。
31. 侯仁之：《北京生命印记》，生活·读书·新知三联书店 2009 年版。
32. 陈长平：《逝去的四合院——北京某单位宿舍院社会文化变迁的空间分析》，博士学位论文，中央民族大学，2000 年。
33. 段炳仁：《北京胡同志》，北京出版社 2007 年版。
34. 尔泗：《北京胡同丛谈》，北京社会科学院 1981 年版。
35. 黄平：《寻求生存：当代中国农村外出人口的社会学研究昆明》，云南人民出版社 1997 年版。
36. 胡先缙：《中国人的面子观》，黄光国《人情与面子：中国人的权力游戏》，中国人民大学出版社 2010 年版。
37. 蓝宇蕴：《都市里的村庄：一个“新村社共同体”的实地研究》，生活·读书·新知三联书店 2005 年版。
38. 林南：《社会资本——关于社会结构与行动的理论》，上海人民出版社 2005 年版。
39. 林语堂：《迷人的北平》，姜德明《北京乎》，生活·读书·新知三联书店 1992 年版。
40. 林语堂：《中国人》，郝志东、沈益红译，学林出版社 1994 年版。
41. 林南、马戎：《漫谈社会学和社会发展》，《社会学研究》2003 年第 4 期。
42. 路易斯·沃斯：《作为一种生活方式的都市生活》，赵宝海、魏霞译，上海三联出版社 2006 年版。
43. 李景汉：《北京人力车夫现状的调查》，《社会学杂志》1925 年第 4 期。

44. 李培林、李强、孙立平等：《中国社会分层》，社会科学文献出版社 2005 年版。
45. 李培林：《村落的终结——羊城村的故事》，商务印书馆 2004 年版。
46. 李春玲：《中国的社会阶层与社会流动——经济改革前后社会流动模式之比较》。
47. 李春玲：《断裂与碎片：当代中国社会阶层分化实证分析》，社会科学文献出版社 2005 年版。
48. 李景汉：《北京人力车夫现状的调查》，《社会学杂志》1925 年第 2 卷第 4 期。
49. 李毅：《中国社会分层的结构与演》，陈蕾、李毅译，美国大学出版社 2005 年版。
50. 梁漱溟：《乡村建设理论》，上海世纪出版集团 2006 年版。
51. 梁漱溟：《梁漱溟全集》，山东人民出版社 1991 年版。
52. 良警宇：《牛街》，《一个城市回族社区的变迁》，中央民族大学出版社 2006 年版。
53. 罗兴佐、申端锋：《新农村建设的经济理路》，《天津行政学院学报》2006 年第 3 期。
54. 刘汉阳：《人力车夫与五四运动》，《广闻博览》2007 年第 5 期。
55. 刘仲华：《北京教育史》，人民出版社 2008 年版。
56. 梁思成：《都市计划的无比杰作》，《梁思成文集》（四），建工出版社 1984 年版。
57. 陆学艺：《当代中国社会阶层研究报告》，社会科学文献出版社 2002 年版。
58. 陆学艺：《内发的村庄》，社会科学文献出版社 2001 年版。
59. 吕斌：《“城市病”是城市发展必须要付出的代价》，《周末》2010 年 10 月 22 日。
60. 马林诺夫斯基：《文化论》，费孝通译，中国民间文艺出版社

1987 年版。
61. 邱阳：《皇城根儿》，中国旅游出版社 2005 年版。
62. 邱泽奇：《当代中国社会分层状况的变迁》，河北大学出版社 2004 年版。
63. 秦海霞：《关系网络建构》，《私人企业主的行动逻辑》，博士学位论文，上海大学，2005 年。
64. 秦晖：《共同体 · 社会 · 大共同体——评滕尼斯“共同体与社会”》，《书屋》2000 年第 2 期。
65. 齐格蒙特 · 鲍曼：《被围困的社会》，江苏人民出版社 2006 年版。
66. 施卫良等：《北京旧城胡同实录》，中国建筑工业出版社 2008 年版。
67. 孙立平：《警惕上层寡头化、下层民粹化》，《中国与世界观察》2006 年第 3 期。
68. 孙立平：《中国社会结构的变迁及其分析模式的转换》，南京社会科学 2009 年第 5 期。
69. 折晓叶：《村庄边界的多元化，经济边界开放与社会边界封闭的冲突与共生》，中国社会科学 1996 年第 3 期，《村庄的再造——一个“超级村庄”的社会变迁》，中国社会科学出版社 1997 年版。
70. 谭烈飞：《解放后北京城市住宅的规划与建设》，《当代中国史研究》2002 年第 6 期。
71. 童夏青青：《胡同往事》，万卷出版公司 2007 年版。
72. 张捷、南香红：《焦虑的四合院》，《南方周末》2003 年 8 月 7 日第 1017 期。
73. 詹姆斯 · C. 斯科特：《弱者的武器》，郑广怀等译，译林出版社 2007 年版。
74. 杨中芳：《人际关系与人际情感的构念化》，《本土心理学研究》2001 年第 12 期。

75. 杨宜音:《社会心理领域的价值观研究述要》,《中国社会科学》1998 年第 2 期。
76. 汪曾琪:《逝水》,中国青年出版社 2010 年版。
77. 王春光:《社会流动与社会重组:京城浙江村的研究》,浙江人民出版社 1995 年版;王汉生:《浙江村,中国农民进入城市的一种方式》,《社会学研究》1997 年第 1 期。
78. 王岗:《北京政治史》,人民出版社 2008 年版。
79. 王铭铭:《村落视野中的文化与权力:闽南三村五论》,生活·图书·新知三联书店 1997 年版。
80. 王军:《城记》,生活·读书·新知三联书店 2010 年版。
81. 王轶楠、杨中芳:《中西方面子研究综述》,《心理科学》2005 年。
82. 王震宇:《北京人的生活状况》,《中国妇女报》1995 年 1 月 21 日。
83. 吴良镛:《人居环境科学导论》,中国建筑工业出版社 2001 年版。
84. 吴文藻:《西方社区研究的近今趋势》,《吴文藻人类学社会学研究文集》,民族出版社 1990 年版。
85. 吴文藻:《现代社区实地研究的意义和功用》,《吴文藻人类学社会学研究文集》,民族出版社 1990 年版。
86. 翁立:《北京的胡同》,北京图书馆出版社 2003 年版。
87. 《北京人的生活节奏变快了》,《文汇报》1984 年 11 月 28 日。
88. 许学强、周一星、宁越敏:《城市地理学》,高等教育出版社 2004 年版。
89. 徐平:《羌村社会》,中国社会科学出版社 1993 年版。
90. 徐小东:《我国旧城住区更新的新视野——支撑体住宅与菊儿胡同新四合院之解析》,《新建筑》2003 年版第 2 期。
91. 晏阳初:《晏阳初全集》(1),湖南教育出版社 1992 年版。

92. 叶立梅：《论 20 世纪 90 年代以来北京经济领域变化的影响》，《北京社会科学》2006 年第 2 期。
93. ［澳］约翰·特纳：《自我归类论》，杨宜音等译，中国人民大学出版社 2011 年版。
94. 杨宜音、张曙光：《理想社区的社会表征：北京市居民的社区观念研究》，中国农业大学学报（社会科学版）2008 年第 25 卷第 1 期。
95. 尹钧科：《北京建置沿革史》，人民出版社 2008 年版。
96. 于长江：《中国社区研究的理论与实践》，《中国人类学的理论与实践》2002 年。
97. 于长江：《走中国的城市化社区道路——费孝通与社会学的社区研究》，2008 年。
98. 于建嵘：《岳村政治》，商务印书馆 2001 年版。
99. 袁鹏：《探析城市发展中建筑文化遗产的保护与更新——以梁思成与北京城为例》，《城乡规划·园林建筑及绿化》2008 年第 26 期。
100. 张艳：《城市再生问题的理论思考》，《中国城市化》2010 年。
101. 张清常：《释胡同》，《张清常语言学论文集》，商务印书馆 1993 年版。
102. 张仁忠：《北京史》，北京大学出版社 2009 年版。
103. 翟振武：《20 世纪 50 年代中国人口政策的回顾与再评价》，《中国人口科学》2000 年第 1 期。
104. 周大鸣：《城乡结合部社区的研究》，《广州南京村 50 年的变迁》，《社会学研究》2001 年第 4 期。
105. 朱光潜：《慈慧殿 3 号》，商金林《朱光潜作品新编》，花城出版社 2009 年版。
106. 朱晓阳：《皇帝的新战略：从“不可能完成的使命”到管理穷人——反贫困再思考（二）》，2008 年。

107. 钟政：《评凡勃伦的经济学说》，凡勃伦《有闲阶级论》，商务印书馆 1964 年版。

英文文献

1. Amos. H. Hawley, "*Social Area Analysis: A Critical Appraisal*", *Land Economics*, 1957 (4) 337 – 345.

2. Anthony Giddens, *Sociologys, A Brief but Critical Introduction*, London: Polity Press, 1992.

3. Bourdieu P. *Distinction: A Social Critique of the Judgment of Taste*, London . Routledge, 1984. 83 – 86.

4. Berg-Schlosser, *Tradition and Change in Kenya.* Munich: Schoningh. 1984.

5. Choice of Migrants, *Journal of Population Economics*, 18 (4), 649 – 662.

6. *Comparative Study of Economic and Social Struggle between Migrants and Non-Migrants*, October 4th, 2010.

7. Catherine Heffernan, "The Sociology of Divorce A Research Overview", *Social Science Teacher*, 2007 (3) .

8. Davis Kingsley and Moore Wilbert E. , *Some Principles of Stratification*, New York: Rowman and Little Field Publisher, Inc. , 86, 1998.

9. DavidLey, *A Social Geography of the City*, New York: Harper Collins College Div, 1983.

10. Duanfang Lu, *Remaking Chinese Urban Form: Modernity, Scarcity and Space, 1949 – 2005* (*Planning, History and Environment Series*), Routledge, 2006.

11. Edward B. Tylor, *Primitive Culture.* London: John. Murray, 1985.

12. Feifer M. , *Going Places*: *Tourism in History*, New York: Stein & Day, 1985.

13. Greenwood, D. , "Culture by the pound: an Anthropological Perspective on Tourism as Cultural Commoditization", in V. Smith (ed.), *Hosts and Guests*, Philadelphia: University of Pennsylvania Press, 1977.

14. H. H. Stern, *Issues and Options in Language Teaching*, Oxford: Oxford University Press. 1992.

15. Fang K. , *Contemporary Redevelopment in the Inner City of Beijing Survey*, *Analysis and Investigation*, Beijing, China Construction Industry Publishing House, 2000, p. 347.

16. I. N. Gang, Gil S. Epstein, "*Migration and Culture*", Emerald Group Publishing limited, 2010. 8.

17. Kisho Kurokawa: *Metabolism and Symbiosis*. Berlin: Jovis. 2005.

18. Laura Tabili, Global Migrants, *Local Culture*: *Natives and Newcomers in Provincial England*, 1841 - 1939, 2011.

19. Ley, D. , *A Social Geography of the City*, New York: Harper & Row Publishers, 1983. 55 - 95.

20. Peter Marcuse, Ronald van Kempen, *Globalizing Cities*, *a New Spatial Order*? Blackwell Publishing, 2001 . 250.

21. MacCannell D. , *The Tourist*: *A New Theory of the Leisure Class*, Rev. Edition, New York: Schocken, 1989.

22. MacCannell D. , "Reconstructed Ethnicity: Tourism and Cultural Identity in Third Communities", *Annals of Tourism Research*, 1984, 11.

23. Mauss M. , Translated by W. D. Halls, *The Gift*: *The Form and Reason for Exchange in Archaic Societies*, N. Y. : W. W. Norton. 1950.

24. Mark Gottdiener & Leslie Budd, *Key Concepts in Urban Stud-*

ies. SAGE Publications Ltd. , 2005.

25. Miller, Walter B. , "*Lower Class Culture as a Generating Milieu of Gang Delinquency*", *Journal of Social Issues*, 1958. 14: 5 – 19.

26. Mott MacDonald in Urban Regeration, 2010 More walls collapse at Italy's Ancient City of Pompeii.

27. Skort J. R. , *An Introduction to Urban Geography*, London: Routledge & Kegan Paul, 1984.

28. Waldren, J. , "We Are Not Tourists—We Live Here!", In *Tourists and Tourism: Identifying with People and Places*, S. Abram, J. Waldren and D. Macleod, eds. , Oxford: Berg Press. 1997.

29. Walder, Andrew G. "Social Change in Post-Revolution China", *Annual Review of Sociology*, 1989, 15: 405 – 24.

30. Wratten, E. , "Urban poverty: Characteristics, Causes and Consequences", *Environment and Urbanization*, 1995 (1) .

31. Yung-mei Tsai and Lee Sigelman, "The Community Question: a Perspective from National Survey Data the Case of the USA. 579 – 588", *The British Journal of Sociology*, Vol. 33, No. 4 (Dec. , 1982) .

后　记

作为外地人，未曾想过研究北京，总有投鼠忌器的感觉。

初次了解北京，从十年前在北京读研究生开始，接触了她的角角落落，才发现北京和课本里教给我的北京有些不同，除了有天安门、紫禁城、颐和园，有文明和秩序，还有拥挤脏乱的街巷，充斥着耳朵的脏话和怎么也听不懂的各地方言。班里的，认识的同学中，没有北京人，我们中间，有人迫切地向往毕业之后在北京安家落户，也有人期待马上毕业回老家安稳度日。北京在每个人心里，有不同的分量和位置。

因为学习社会学，读书期间我们进行了大量的社会调查，北京中低收入家庭的社会保障，城中村人口的社会认同，等等，我们看到没钱治疗的癌症患者，看到蜗居在一起的北京人、外地人，当然，也看到乘坚策肥，钟鸣鼎食，不同人，有不同的北京和生活。

胡同作为北京文化的重要标志，印在各种旅游手册中，游胡同的人，多数走马观花地看看，听听胡同里有什么贵族名流、皇室太监住过，住住胡同里的宾馆，体验胡同的酒吧、餐厅，胡同作为文化被消费着，而真正生活在胡同里的居民，只是停留在游客们的想象中，在胡同生活时间长了，我逐渐感受到胡同像人类动物园（Human Zoo）一样，被游览、参观。

2009 年到 2011 年，我接触了胡同里的北京人、外地人、外国人。我以他者的眼光，观察到多数当地人贫穷、拥挤的生活，我理解了“膀爷”不是文化，是狭小闷热空间中的现实选择；理解了遛鸟、逗狗不是北京人无聊，而是一种生活方式。胡同里生活了两年，我体验了北京人的热情和他们对生活的热爱。我感谢我的北京邻居们，他们接纳我，带我在胡同里烧烤，在北海偷钓，教我做“糊塌子”等北京面食。两年来，多数时候我一个人住在一个院子里，但从未恐惧、孤独过，在我需要的时候，身边总有热心的邻居们帮忙，我的朋友开玩笑说，我吹个口哨，马上会有十个壮汉出现在我的院子里，是的，是这样的，我感谢这些让我了解北京人的邻居们。

面对越来越多元、越国际化的北京，胡同生活的居民，成了老北京的留守者，他们身上北京人的气质和文化，有时被强化或建构，有时又被忽略。人们谈论胡同，但很少谈论胡同里的生活。胡同，作为传统建筑文化的保留，是意义重大的，但被建筑文化包裹着的胡同里的人，值得更多的关注。

在胡同生活期间，我父亲重病，出租车司机邻居王师傅经常送我们去医院，他家里 4 口人，只有 7 平米的一间房，显然是不够住的。他把房子做了改造，上面加了一层，前面搭了一间，邻居不愿意，房管局不同意。他说：“不愿意的我可以理解，但不同意的，你给我拆吧，谁拆了我就上谁那儿住去，说白了，我是搭间狗窝自己住”，我无言以对。尽管这样，他还是让我有事说话，用车经常不收钱，我特别感谢他。

尼采说我走在命运为我规定的路上，虽然我并不愿意走在这条路上，但是我除了满腔悲愤的走在这条路上，别无选择。胡同里，充满热情、希望，当然，还有悲愤、无奈。

短短两年，我在胡同工作、生活，接触了胡同里的人，但依然不能真正了解胡同。每一个胡同里的居民，都有生动的故事；每个人，似乎都是一部现代史。我在胡同里完成了我的博士论文，就是呈现在大家面前的拙作，远不成熟，诚惶诚恐，我愿意接受一切批评指正。

读博士期间，我经历了人生中的诸多无奈，不只一次想过放弃学业，但在导师徐平教授和其他老师及朋友们的鼓励和帮助下，勉强完成，内心充满愧疚和感激。

感谢徐平老师，作为博士生导师，他给了我如父如兄的关怀，没有他的鼓励和指导，我不可能完成我的论文。同时，感谢包路芳老师和徐忠和，他们让我有家的温暖。

感谢王延中老师，他是我的硕士导师，对我一直关照和信任，感谢他和师母在我最困难的时候给予我有尊严的帮助。

感谢包智明老师、苏日娜老师，北京生活的几年，包括后来的生活，给他们添了很多麻烦，感激他们耐心的教导和关心。

感谢良警宇老师、姚丽娟老师、色音老师等参加我论文开题和答辩的所有老师和同学们。

感谢父亲生命的坚强和母亲爱的坚强，谢谢你们！

感谢 Olivia Cox 女士给予我一切物质和精神上的帮助。

感谢，感谢所有爱着我，包容我的亲人们。

感谢内蒙古师范大学出版基金对本书的资助出版。

感谢责任编辑赵丽女士对本书的付出。

再一次，感谢胡同里帮助我的邻居们。